森秋子
Akiko Mori

ミニマリスト、1700万円で家を買ってリノベする

東京23区・築67年 小さなボロ家がよみがえりました

KADOKAWA

ミニマル・リノベの記録

受け継ぐものと新しいものが共存

リノベ後の部屋の奥から見た様子です。ボロ家から残したものはふたつ。写真で見えている1窓と2柱です。光をたっぷり取り込む窓も、継ぎ直して塗り替えた柱も、今なお現役で活躍中。玄関のドアを開けたらすぐに部屋が広がるオープンな空間です。

1

間仕切りの多い暗くてボロい家

玄関から室内を見た様子。床は波打ち、暗くてボロボロ。1 間仕切り、2 壁（ドアを潰して壁にした名残のある凸凹の壁でした）など全部取り払い、広々ワンルームに。3 窓、4（構造上必要だった）通し柱は残しています。

After

光と風を感じる家に大変身！

窓を減らし、壁を取り払い、全面ホワイトにすることで明るい空間に！ キッチンの位置は動かしていません。その手前にあるのは、❶職人さんが勝手につくってくれた壁です。→ビフォーと少し角度違い、同じく玄関側から見た室内。

Before

基礎工事

水回りをダイナミックに解体

お風呂、トイレ、洗濯機置き場などの水回り。職人さんがハンマーで壁をどんどん壊します。写真の中央に立っている黒い管は、水道管です。1 壁の3つの窓は、寒気を呼び込む大きな原因となっていたため、すべて潰して壁に。手前に写っているのは基礎工事をやり直す前の床下です。

After

基礎工事は しっかり予算を

基礎工事では床をすべて剥がし、土台の大引(木材の骨組み)も撤去。新しい木材を組み、1 コンクリートをすべて打ち直しました。壁に見えているのは古い断熱材で、これも入れ替えました。天井部分もすべて木材を新しくしました。1本だけ残した通し柱は、下のほうの木材が古くボロボロでしたので 2 新しい木材を継ぎ、安心&快適に住めるようになりました。

Before

After

希望・窓なし シンプルキッチン

大きな窓のキッチンは素敵なイメージです。でも現実は寒いし、手が届きにくくて掃除も大変。ということで、窓なしのシンプルキッチン（1→2）に。IHコンロはゴトクがなくて天板がガラスなので、サッと拭けば掃除終了。食器類はコンロ下にすべて収納。

After

Before

お風呂&トイレは
省エネで

お風呂は寒さの原因の 1 窓と 2 床タイルをなくし冬対策。新しいバスタブはコンパクトでお湯が少量で済み、ガス代も節約できます。鏡や棚などは極力なしにしましたが、ユニットバス仕様のため 3 シャワーフックの下段と、4 バスタブ下のシャンプーラックは、外せず残っています。5 トイレは在庫があるもので対応してもらった結果、予算内でグレードアップして大満足。洗濯機の防水パンは小さめのドラム式を置けるサイズ。6 排水口からコバエが大発生して子どもと大慌てしたのはここ。

toilet

wash basin

ビフォーいろいろ

廃墟同然の家が生き返る

ふすまも窓も外れて、畳はネズミがかじった穴が開いて、ドアは壊れ、窓から土足で出入りする…。そのボロさにひるみながらも「小さい家だから私がなんとかできる! 絶対にかわいくなる!」と向き合ったリノベ。とても楽しい経験でした。

これは旅での一枚。
ミニマルで身軽な暮らしは、
家でも旅でもいつでも
私のそばにあります。

はじめに

こんにちは。森秋子です。現在45歳です。今年離婚し、シングルになりました。

25歳で東京23区内にある50平米ほどのマンションを買い、ローンは30歳になるまでに完済しました。すぐに子どもも生まれ、これで家族が幸せに暮らせると思いきや、待っていたのは家事や片付けに追い立てられる日々。

原因は、部屋を埋めつくす多くのものでした。

たくさんのものは決して私を豊かにしないと気付いてからは、どんどんものを減らし、シンプルでカンタンな暮らしに切り替えてきました。

そんな私の日々を綴《つづ》った「ミニマリストになりたい秋子のブログ」を大勢の方が読んでくださり、書籍もこれが4冊目となります。

私の40代前半はコロナの大パニック抜きには語れません。
ある程度貯金もでき、経済的には余裕が感じられるようになったのですが、パンデミックの影響で家に閉じこもって過ごさなければいけなくなりました。当然、当時結婚していた元夫も在宅ワークです。当時中学生だった子どもは親たちの干渉が煩わしくて仕方がなく、家の中が一触即発の状態でした。

ああ、一人になれる空間が欲しい…。

そんな些細《ささい》な願いを持ちはじめたことが、白い小さな家を買うことになるきっかけでした。そして43歳でふたつ目の家を購入しました。
東京23区内にある小さな平屋で、土地は約75平米。建物約45平米。

駅から平坦《へいたん》な道のりで徒歩12分。住んでいるマンションからは歩いて7分ほどの距離です。

土地建物購入費用と、リフォーム費用、登記費用、火災地震保険、税金などなど全部ひっくるめて１７００万円で収まりました。

なぜそんな好物件が安く手に入ったのかというと、「再建築不可物件」で、しかも築67年のボロボロの平屋だったからです。

「再建築不可物件」という言葉を初めて聞く方も多いと思います。

簡単に言うと、現在の建物を取り壊して、新たに家を建てることができない物件のことです。

再建築不可物件にはメリットとデメリットがあり、家を買う際に避ける人が多いと思います。そのメリット、デメリットについて詳しくは本文を読んでいただくとして、私にとってその物件は「価格が安い」「固定資産税が安い」とメリットのほうが大きかったのです。

荒れ果てたボロ屋という凄《すさ》まじい状態でした。

畳は腐りかけ、ドアが壊れて窓から出入りする始末。

シロアリが水回り付近の柱を食べてしまい、もう食べるものがなくなってシロアリさえもいない本当の空き家…。

小さな庭も荒れ果て、近隣からも問題視されていました。


この家を思いきって約50平米ほどのワンルームにリノベーションしたら、気持ちのいい空間に生まれ変わりました。

もう一軒家を持つことで、家族の将来に選択肢も増えました。


「人生100年時代」と言われる今、人生のステージにあわせて住み替えるのは、自然なことになりました。

そのときごとの自分にあわせて、住み替えのたびに新築物件を購入しようとしたら、お金がいくらあっても足りません。
今回、築古物件《ちくふるぶっけん》のリノベーションをした経験を、できる限り具体的にこの本にまとめました。

物件探しでこだわったこと。
何にどれくらいのお金がかかるのか。
リノベーションでお金をかけたところと、かけなかったところ。
「知らない誰かの古い家」を住み継ぐことのワクワク感。
思いがけない苦労や気付き。
時が止まっていた空き家に灯《あか》りが灯《とも》る嬉しさ…。
もう一軒家を持ったことで家族に訪れた変化。

そんなことを、正直に書いてみました。

家族みんなで暮らすという今までの在り方や「家族はこうあるべき」「家はこうあるべき」という世間のフォーマットを手放して、今の自分に必要なものは何か、シンプルに簡単に求めると、未来は驚くほど軽やかになります。私はといえば、子どもが親離れをし、今年離婚をして、次々とやりたいことが出てきて毎日がとても充実しています。

家族が増えたり減ったりして住み替えを考えたり、親の実家をどうしようかと困ったり、家と人生は密接につながっています。

あなたとあなたの住まいが、どんどんハッピーになりますように。

森秋子

CONTENTS

ミニマル・リノベの記録 003
はじめに 012
リフォームスケジュールとお金 024

第1章 家を見つけて、買うまで

○そうだ！ 家を買おう 028
○投資はしないで、家を買った理由 030
○失敗しない「予算」の立て方 032
○戸建てとマンション、どっちがいい？ 035
○物件探しでゆずれない「耐震」「ハザードマップ」「駅近」 036
○中古マンションは内見で「管理体制」をチェック 038

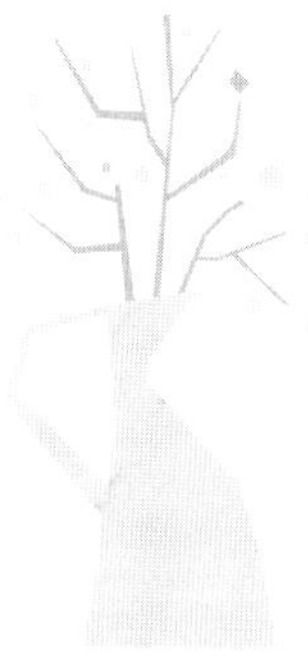

第2章 リフォーム

○駅から徒歩11～14分の物件がねらい目……040
○捨てた条件は「広さ」……041
○築67年、980万円の再建築不可物件と出会う……043
○築67年の空き家のリアル……045
○迷っているうちに、売れてしまう？……047
○現金即決だからできた、100万円の値引き交渉……049
○「再建築不可物件」のメリット・デメリット……052
○意外と人気の「旗竿地」……054
○諸経費は物件購入費の10％が目安……056
○「平屋」の意外な価値……058
○家を買うことをどう家族に伝える？……060
○歳をとっても、安心して一人暮らしできる価値はプライスレス……062
○物件探しは恋愛と同じ……065

リフォーム

○リフォーム会社には「下限金額」より「上限金額」を聞く……070

○シロアリさえも出て行った本当の「空き家」 072
○家に求める役割を絞り込んで、シンプルに暮らす 074
○「一人暮らしのための戸建て」は意外に少ない 076
○工事中からはじまるご近所付き合い 078
○基礎工事をがっちりやり直す 080
○壁も収納も取り払った23畳のワンルーム戸建て 082
○8つの窓を2つに減らす 084
○窓の断熱性を高めると快適さが爆上がりする 086
○窓シャッターのかわりに、オーダーメイドの防犯格子 088
○断熱材を3倍にして光熱費3000円に 090
○キッチンにどこまでこだわる？ 092
○職人さんが勝手につくったキッチンの「壁」 094
○気を付けたいリフォームローン 095
○結論。リノベーションは楽しい 097
○次はワンルームマンションをリノベしたい 100

第3章

コスト・お金

リノベーション費用・全公開 104
○こだわらない・打ち合わせ減・シンプルに。リノベ総額870万円を実現した3つの基本方針 106
○予算を抑えたところ、増やしたところの具体例 108
○内装のこだわりは「白」だけにして、コスト大幅減! 112
○「安く済ませたい!」から「払いたい!」に変わった心境 114
○「在庫がある」「簡単に手配できる」もので作業効率アップ 116
○小さな家はランニングコストもお得 118
○家の相続は面倒だ 120

第4章

家運営とメンテナンス

○初めて家に買ったのは「電気ポット」 124
○こたつ布団をやめました 126

○ベッドはマットだけ　130
○テレビはステレオ兼スクリーン　131
○食器選びで、「私は過干渉な母である」と実感し、後悔した話　132
○家を家族で共有して使う6つのルール　134
○BGMと映像で、空間がおもてなしに変わる　137
○2週間に1度の家メンテナンス　140
○閉め切った部屋の臭いに効く「茶香」　142
○初めての「小さな庭」　144
○庭の四季　147
○一人の時間を持って冷静になる　149
○大切な近所付き合い　151
○老後も安心でいたいから　ミニマル暮らしが理想　153
○元夫が白い家に住むようになるまで　155

第5章

家のこれから、人生のこれから

○子どもが大人になったらこの家を渡すプラン —— 162
○家も私たちも変化していく存在 —— 165
○元夫と心の中で一緒に泣いた夜 —— 167
○「いつでも夫婦一緒」が幸せとは限らない —— 171
○42歳、体の変わり目 —— 173
○家族のキャラと役割を手放す —— 175
○叔父の家の片付け。広いスペースは人生のリスク —— 176
○ものの少ない暮らしをしたい —— 178
○実家の別荘化計画 —— 180
○「40年後」の自分の暮らしと家のことを一度考えてみる —— 182
○家づくりを通して人生を見つめ直す —— 184
おわりに —— 186

リフォームスケジュールとお金

日付	内容	コメント
2021年7月	Webで980万円の再建築不可物件を発見	
	初めて物件を見る	売主物件で仲介手数料ゼロでした
	不動産業者からリノベプランの提示。賃貸用の最低価格から庭を潰してウッドデッキをつくるプランまで、500万円〜900万円でいくつか見せてもらう	基礎工事なしの安いプランと基礎工事ありの高いプランがわかりやすかった
9月	Webから物件情報が消える	ご縁がなかったと諦める
12月	物件情報が830万円で復活。ダメ元で値切ったら730万円に	100万円の値切りに成功！
12月20日	買付証明書を送る	
12月23日	契約と決済。730万円全額を不動産会社の会議室で振り込む。司法書士の先生も同席し、登記費用27万1500円も振り込む。鍵をもらう	再建築不可物件はローンが組めないので現金一括払い
2022年1月	リフォーム業者、屋根業者と一緒に物件下見。プランを3パターンもらう。床のみリノベする500万円のプランもあったが、間取りと断熱に最低限こだわってリノベする726万円のプランに決定	「1000万円は絶対に超えない」と、あらかじめ予算を伝えた

2月5日	「建築工事請負契約書」を交わす。リフォーム着工	
2月9日	解体及び産廃処分費726万円を一括で支払う	預かり金だけでよかったが、残金計算が面倒なので全額入金
2月14日	屋根と外壁塗装の会社と67万円で契約	断熱材で光熱費ダウンを狙う
2月24日	67万円を一括で支払う	
3月28日	東京都に不動産取得税16万6700円を振り込む	
4月10日	火災地震保険（5年間）18万6830円を支払う	「高いけど、密集地区なので入ったほうがいい」と不動産業者からアドバイス
4月28日	エアコン代と窓関係の追加工事の代金74万5866円を支払う	
4月～5月	窓関係と屋根の追加工事	窓の数を減らしてコスト減
5月	引き渡し	

第1章

家を見つけて、買うまで

住んでいる家とは別に、
もう一軒家を買う。
ミニマルで小さな家だったからこそ
「私でもできる」、そう思えました。
等身大の予算の立て方、物件探しのコツ、
諸経費などまで
まるっと紹介します

そうだ！　家を買おう

ミニマリストとして暮らしている私が、どうして住むわけでもないのに、「家」という大きな買い物をしたのか。

家を買ったと公表すると、よくそのことを聞かれました。

それは、2020年に始まったコロナ禍での生活が原因でした。

「ステイホーム」で家に閉じ込められ、ずっと家族と一緒にいることに疲れ果ててしまったのです。

「離れ」が欲しい！

私は心からそう思いました。

離れとは、母屋と同じ敷地内にある別の建物のことです。

母屋から少し距離があるけれど、まったく切り離されてもいない。離れがあれば、そこで親が仕事をしてもいいし、子どもが好きなことをして過ごすこともできます。

コロナ禍がいつまで続くのか見通しも立たなかったあのころ、私は結構切実に逃げ場を求めていました。

4000万円の貯金があるし、もう一軒不動産を買ってもいいかな…。

そんな気持ちで物件を探しはじめました。

投資はしないで、家を買った理由

もうひとつの理由は、資産（人生の選択肢）としての家を持つ意味でした。私は株などの金融商品に投資していません。そのかわりに家を買いました。

株も不動産も「元本が保証されていない」資産です。上がったり、下がったり、そのときの市況によって価格が大きく変わります。

私自身、25歳のときに新築時よりも数千万円も値下がりしたマンションを購入しているため、不動産の資産価値を過信していません（新築時が5600万円で、私の購入時は築14年で1400万円でした）。

株は暴落すると本当にタダになって手元に何も残りませんが、家は価格が0円になったとしても「ずっと住める」という価値が残ります。「何もなくても住むところがある」というのはとても大きな安心です。

部屋を貸すことができれば、賃貸収入も得られます。

家を買うことは、長い目で見れば節約にもなります。

我が家の子どもも一人暮らしをしたいと言いだす年齢になりました。

もし、都内で50平米くらいのマンションを借りると賃料だけでも高額になります。

もうひとつ小さな家を所有して、子どもの一人暮らしに使ったり、誰かに部屋を貸したり…。持ち家なら、ライフステージにあわせた暮らし方の選択肢を手に入れることができるな、とうっすら思っていました。

それに激安物件なら、万が一売却するときも、初期投資分くらいは回収できるでしょう。


「どうして株式投資をしないんですか？」という質問をいただくこともありますが、私にとって資産として人生に優しいのは、株よりも圧倒的に家！と思えるのです。

失敗しない「予算」の立て方

私は20代のころ不動産関係の仕事をしていました。

そのとき目の当たりにしたのは「不動産は土地や建物を買って終わり…じゃない」という事実です。

追加工事が発生したり、登記費用が必要だったりと、あとから想定外の数百万円単位のお金がどんどん出てきます。

「こんなにお金がかかるのか…」と空恐ろしい気持ちでした。

その経験もあり、家を探す前に予算を立てるところからスタートしました。

まず確保したいのは、これからかさんでくる子どもの学費です。

そして仕事を続けていって得られるお金と、今後の生活プランを考えました。

これらすべてと、貯金の残額をあわせて検討した結果、最低限2000万円は残す必要があると判断しました。私の貯金4000万円の半分に当たります。
もし家を手に入れるために2000万円以上使ってしまうと、生活に響いてくるでしょう。

家を手に入れるお金のすべて、つまり物件の取得費、保険料、登記費用、不動産取得税、リフォーム代を合わせて上限2000万円を死守するという強い決意のもと、物件を探しはじめました。

ざっくりと上限2000万円を決めたら、あとはもうシビアに予算内に収めるのみ。この予算は私の胸だけにひっそり抱えておくことにしました。業者さんに伝えたら、上限ギリギリの価格で交渉してくるだろうと思ったからです。

最初は、中古のマンション物件から探しました。20年前に築14年の3DKのマンションを買ったとき、リフォーム代も合わせて1400万円に収まったので、ワンルームだったらその半額くらいでリフォームなしで住めるところが見つかるだろうと、まずは600万円くらいで探しはじめました。

ところが、20年の間に不動産マーケットの様相はガラッと変わっていました。買いたいと思う物件は、広さや設備面でそれほど贅沢《ぜいたく》を言わなくても1000万円以上のものがほとんど。

「600万円なんて絶対に無理だな」というのがよくわかり、1000万円くらいで探すことにしました。

同時にマンションが戸建てに比べて特別安いわけではないということに気付き、戸建ても視野に入れることにしました。

再建築不可物件（P52参照）なら、600万円から800万円くらいでいろいろ出ています。これくらいの金額で物件を手に入れ、500万円以内でリノベーションする方法もありかなと思うようになりました。

元々600万円でワンルームマンションを探しはじめたことを思えば、再建築不可物件でリノベーションするなら1300万円前後と、当初の見込みから倍以上に膨らんでいます。

こんなふうに「気が付いたら一桁増えちゃっていた！」というのが不動産のお金。

まず予算という土台を立て、その上に物件をのせていくのがとても大事です。

戸建てとマンション、どっちがいい？

戸建てとマンション、それぞれよいところと悪いところがあります。

私にとって戸建ての最大のメリットは「庭が持てること」。好きな植物を地植えできることは、今のマンションではできない大きな楽しみです。

マンションの最大のメリットは「暮らしがラク」なことです。たとえばいつでもゴミ出しができるので、仕事が忙しいときや疲れているときには本当に助かります。戸建てもマンションも、住んでいれば修繕費はどちらも必要ですが、管理費を払っているマンションは日常の細々した修繕を管理してもらえ、修繕計画もお任せできます。雪かきだって管理人さんにやってもらえます。

土で遊ぶか、ラクな暮らしか。

それが私にとっての戸建てとマンションの魅力の違いです。

物件探しでゆずれない「耐震」「ハザードマップ」「駅近」

「23区の中古物件」と検索して、価格が高い順、低い順に並べてみたり、駅から近い順、遠い順と並べ替え、大まかにどんな空き家があるのかを研究しました。広さ、デザイン、学区など人によって重視するポイントが違うと思いますが、私が必ずチェックしていたのは、次の3つの項目です。

①マンションなら1981年6月以降に建てられた新耐震基準物件

家を守る基準というよりも「命を守る基準」です。1981年に行われた大改正は、震度6強〜7程度の揺れでも家屋が倒壊・崩壊しないことを基準としています。

②ハザードマップで安全な場所にある

「ハザードマップ」とは、地震、洪水、津波、高潮などの自然災害による被災地区や避難場所などを示した地図です。インターネットで検索すると出てくるので、必ずチェックします。

③駅から徒歩圏内

最寄り駅までバスに乗らないといけない距離は、お金がかかるし、通勤・通学の疲労が倍増してしまいます。やはり駅近は譲れません。

たくさんの物件を見まくりましたが、最終的に内見に行ったのは3軒でした。

1軒目はワンルームマンションで、①、②、③の条件はすべてクリアしていましたが、エントランスの手すりのペンキが剥げていて、きちんと手入れされていない印象でした。マンションの場合は管理体制も要チェックです。

次に私の大好きな公園の隣にある一軒家を見に行きました。春は木蓮《もくれん》、秋は紅葉と、借景が素晴らしい！　でも崖の下のような土地にあり、ハザードマップで見ると洪水の被害予想で真っ赤なエリアだったので、泣く泣く見送りました。

物件を探しはじめると、キラキラした写真に目移りしたり、お買い得情報に心躍ったりして、だんだん判断基準がこんがらかってきます。

そういうときに必須条件を思い出すと、落ち着いて物件と向き合えます。

中古マンションは内見で「管理体制」をチェック

ここ10年ほど不動産の価格は上昇傾向にあります。特に新築マンションの価格の伸びが凄まじく、2023年には東京23区の新築マンションの平均価格が1億円を超えたとか。

中古マンションも、新築マンションほどではないとはいえ価格が上がっているため、今回私は見送ることにしましたが、興味がある方も多いのではないでしょうか。

内見時にぜひ見ておきたいのが、管理体制です。

住んでいる人たちの雰囲気や、管理組合がしっかりしているかどうかは、内見である程度わかります。

たとえばゴミ置き場が荒れている、ドアが古びている、共有の廊下にゴミが落ちている、掲示板の古いお知らせが更新されていないなど、パッと見て手入れされていない感じがあれば、管理組合が機能していない可能性があります。

特に自主管理や管理費がかなり安い物件は、管理が行き届いていない可能性があるので、要注意です。

マンションの管理費、修繕積立金はエリアによって価格がかなり違いますが、東京23区内であれば3万円から5万円くらいの物件を探します。あまりに安いところは、修繕積立も十分でなく、壊れたところを直すお金がなさそうなので避けます。

一方、ライオンズマンションなど大手の不動産会社がシリーズ化している物件は、それなりの管理費が必要ですが、ドアやエレベーター、配管の交換など、修繕計画がフォーマット化されていて、システマティックに修繕してくれる安心感があります。

専有部分である室内の間取りや設備は、内見して「ああしたい、こうしたい」と夢が膨らむ部分ですが、長い目で見たマンションの住み心地は共有部分に表れると思います。

駅から徒歩11～14分の物件がねらい目

不動産情報として表現する場合、「1キロ弱＝徒歩10分」という決まりがあります。つまり徒歩10分以内ということは、駅から1キロ以内ということです。

駅から近く便利ですが、物件価格も高く設定されています。駅前が繁華街の場合は、車の往来が激しい、お店も人も多くて落ち着かない、などもあるかもしれません。

では、「徒歩11分以上」はどうでしょう。

実際に歩いてみた場合、徒歩10分と、11～12分は実感としては大して変わりませんが、不動産としては、大きな価格差があります。また、ある程度駅から距離があるので、街並みが落ち着いています。ちなみに、15分以上だと結構歩くので、疲れているときなどはタクシーを使いたくなります。

結論。駅から徒歩11～14分がお買い得です。

捨てた条件は「広さ」

家探しを難しくする「呪い」が「家は広いほうがいい」です。

広い家なら友人を招いてもゆったり過ごせますし、小さな子どもがいれば走り回って遊ばせることもできます。隣人からもプライバシーが保たれ、家族一人一人の個室を広く確保できます。大きい分だけ資産価値は上がり、「大きな家に住んでいる」ことで周囲の人の感動や尊敬を得られるかもしれません。

でも、これらのメリットが今の自分に必要か、自問自答したとき、そうでもないな、と思うのです。

私は友人とは家を行き来するより、互いの日常からちょっと切りはなされたところで会うほうが気楽で好きです。子どもも、高校生になると行動範囲が広がり、誰かの家よりも友達同士で街に出かけるほうが楽しくなるのが自然です。

小さい家はメンテナンスが自力でできるのが魅力です。

世界的に有名な建築家、ル・コルビュジエの終《つい》の棲家《すみか》「カップマルタンの休暇小屋」は8畳ほど。愛する妻のために建てた、地中海に面したフランスのニース近郊にある小屋です。鴨長明《かものちょうめい》が隠居生活を送った「方丈の庵」も4畳半ほどです。

面積よりも、自分がどこにいて何に囲まれているか。自分のエネルギーが大きく感じられるところは否応なしに「広い！」と感じます。

私が気に入っているカフェはとても小さく、面積的には狭いのですが、安心できる気軽な空間はやっぱり「広い！」のです。

何がメリットで何がデメリットなのか、一般的な基準ではなく、自分の中に答えを探すほうが、満足度が高くなります。一生ものの高い買い物ならなおさらです。「人は人」「私は私」。自分にとって大切なものをリストアップしてみるのもいいと思います。

築67年、980万円の再建築不可物件と出会う

2軒の内見の後、もうひとつ気になった物件がありました。

駅から徒歩12分75平米ほどの土地に立つ、こぢんまりとした平屋です。

お値段、なんと980万円！

旧耐震ですが、平屋の一軒家ならリフォームで土台を補強することもできます。

駅まで平坦な道のりで、ハザードマップも大丈夫。

今のマンションからも歩いて7分程度です。

その家は築67年の再建築不可物件で、家を相続した所有者が手放したいと不動産業者に相談し、不動産会社の所有になったといういきさつがありました。

必須条件をクリアし、次の大きな懸念点はインフラでした。古い物件ですから、水道管やガス管、電気がどう引かれているか気になります。

内見を申し込む前に、図面を見せてもらってインフラ関係を調べました。配管が家に届いているかを見たかったのです。配管が家に届いていない状態だったら大工事になるので諦めようと考えていましたが、配管は家まで通っていました。古い配管を取り換えれば住むことができそうです。

不動産会社の営業の方に聞いてみると、近隣との関係も問題なさそうです。不動産会社の担当の方も、気になったことを聞くと私の目の前ですぐに前所有者さんに電話をかけて確認してくれ、前所有者さんとの関係が良好であることに、安心感もありました。事前に場所を確認し、ネットで外観と周辺環境を何度もチェックし、ようやく内見を決めました。

それまでの内見は一人で行っていましたが、何か予感があったのか、当時結婚していた元夫を誘って行くことにしました。私が「家を買いたいんだけど、内見に行かない？」と突然言っても、元夫は散歩に誘われたくらいの気軽さで「いいよ。見に行ってみよう」と言ってくれました。

内見の前日は遠足の前みたいにワクワクしすぎて、寝不足気味でした。

築67年の空き家のリアル

内見当日は、夏の雨が降っていました。

第一印象は「お化け屋敷」。小さな庭の荒れようは凄まじく、隣の家まで侵食しそうな雑草群！　古いものが好きな私でも「空き家」の放つ圧倒的な古さ、ボロさ、打ち捨てられている放置感に、張り切っていた気持ちは2秒でしょんぼり感に変わりました。

「ときの経過を感じる」「手入れしてみたくなる佇《たたず》まい」なんて生易しいものではありません。ドアも窓も壊れ、不動産会社の担当の方から「もう土足でいっちゃってください」と言われ、元夫と二人で躊躇《ちゅうちょ》したのを覚えています。

靴を履いたまま入った家の中は、とてもジメジメしていました。

畳はフカフカして歩くたびに沈み、古い臭いが立ち込め、夏なのにうっすら寒い。

謎の配線がむき出しで、荒《すさ》んだアート作品のようです。

「嵐が来て、雨をしのぐ場所を探してこの家にたどり着いたとしても、私は雨に打たれて外で寝る」と言ってしまったくらい「ほんと　ここムリ！　絶対にムリ！」という気持ちになりました。

途方に暮れて立ちつくしている私たちを、担当さんは「ですよね」という感じで見守っています。「契約に進むことはないだろう」と思っている様子が、伝わってきました。

「空き家リノベーション」というと聞こえはいいですが、実際には相当な気合いと、覚悟と、お金が必要ということを実感できた内見でした。

帰宅して真っ先にお風呂に入りながら、「あそこを直すのに一体いくらかかるのだろう」「簡単なことではない」と思いつつも、ひっそりと立っていたボロくて小さな家のことが頭から離れませんでした。

迷っているうちに、売れてしまう？

今にも崩れそうな、築67年のボロい家。

私はその小さな平屋に恋してしまったようでした。

その後も「あー、あの家本当にボロいよね」「嵐が来ても外で寝るよね」「歩くたびに畳が沈んだよね」「庭が呆《あき》れちゃうくらいボーボーに荒れ果ててるよね」など、ことあるごとに話題にし、気になって仕方がない状態でした。

一緒に内見に行った元夫はその話に付き合うぐらいで、自分から話題にすることもありませんでしたが、私は内見したときから「この小さくてボロい平屋が欲しい！」とどこかで思っていました。

決め手はあのサイズ感です。二階建てだったらスケールが大きすぎて私の手に余ります。でも小さな平屋なら、自分が蘇《よみがえ》らせることができるんじゃないかと思えました。

「こんなにもボロくなっちゃって」という、ある種の愛《いと》おしさもありました。
一方で、土地建物だけで９８０万円。これに加え、再建築不可物件のこの小さな家を直すのに一体いくらかかるのか…。予算内に収まるのか怪しいところです。

諦められない手に入れたい気持ちと、諦められたらラクでいいのにという気持ちで悶々《もんもん》としながら過ごすうちに、夏が過ぎ、秋が来て、ある日ネット上からその物件情報が消えてしまいました。
「あの家が売れた⁉」というショックな気持ちもありましたが、「よかった。もう私の手に入ることはない。これでやっと諦められる。バイバイ」と、むしろ安堵《あんど》の気持ちでした。

家を内見に行くと「人気があるから、すぐに買わないと売れてしまうかもしれません」と言われることも多いのですが、大きな買い物だからこそ、迷っているうちは買わない。それが正解だと思います。

現金即決だからできた、100万円の値引き交渉

家の情報が消えたとき、「これでよかったんだ」と思いつつもショックも大きく、未練たらしく一体誰があの家を買ったんだろう？　男の人？　女の人？　何歳くらいの人？　どんな目的で購入したの？　あんなボロい小さな平屋をどうするつもりなの？　とぐずぐずといつまでも考えて落ち込んでいました。

ところが冬の匂いがしてきたころ、突然その家がネットに戻ってきました。しかも150万円下がって830万円になっていました。

購入者のローンが通らなかったのか、それとも何か難しいアクシデントがあったのか、購入者の気が変わったのか、事情はわかりません。

舞い戻ってきたチャンスに運命を感じました。あらためてメリット、デメリットも考えて、本当にこの家を買うか、自分の心に聞いてみました。

あんなにボロいのに、凄まじいのに、嵐が来ても中では寝られないと思っているのに、私はこの家が欲しい！　小さな家がやっぱり欲しい！　このもどかしい気持ちは一体なんなんだろう。

12月の仕事納めの話がちらほら出るころ、不動産会社に電話し「一括で700万円で購入したいです」と伝えました。130万円の値引き交渉です。

これくらいなら予算内に収まる、という金額で、一括現金払いを条件にダメ元で交渉してみることにしたのです。矛盾しているようですが、お願い、「そんなこと無理ですよ」って冷たく断ってくださいと思う気持ちもありました。

欲しいけれど手に入れるのが怖いという、いろんな気持ちをこじらせた状態でした。

「少しお待ちください」と保留の音楽が流れます。そして…。

「730万円でお願いします」

予想していなかった展開です。もう私、この家を買おう、買っちゃおう。欲しいんだもん。1秒で心は決まりました。

その日のうちに買付証明書をつくってもらい、決済日を仕事納めの前に組み込んでもらって、電話した2日後に決済しました。

ローンを組まない現金での決済は、書類も手続きも本当に簡単ですぐに完了。不動産会社の会議室で振り込み、紹介してもらった司法書士の先生も同席して、登記費用27万1500円も振り込みました。

物件の引き渡しということでもらった鍵は、おままごとのおもちゃの鍵みたいでした。ドアが壊れていて窓から出入りするのに一応鍵があるんだなと、ちょっとおかしくなりました。こうして23区の空き家が730万円で本当に私のものになりました。

結局見つけたときから250万円安く買うことができました。

「とうとう買っちゃった」。決済が終わった帰り道は、スキップしたくなるような嬉しい気持ちでいっぱいでした。その夜は図面を広げて「私の家になっちゃった」と幸せな気持ちにワクワクして眠れませんでした。

「再建築不可物件」のメリット・デメリット

最寄り駅から徒歩圏内で、バス停も近い。小さなクリニックなら歩いて行けるし、大きな病院もタクシーでワンメーター。図書館などの公共施設やコンビニやスーパーも近い。ハザードマップは問題なしで、何かあったときに避難する公共施設もそばにある。東京23区内で土地は75平米ほど。

こんな好条件がそろう物件は、再建築不可物件でなければかなり高額で、とてもじゃないけれど私には買えません。

「再建築不可物件」とは、現在の建物を取り壊して新たに家を建てられない物件のこと。主な理由は建築基準法に定められた「接道義務」を果たしていないからです。「幅4メートル以上の公道に2メートル以上接していない土地に建物を建ててはいけない」というもの。消防車が入れない、など防災上の観点からのようです。

建築基準法が定められた1950年よりも前に建てられた物件に多く見られるケースで、この家の場合は道幅が10センチ足りず、再建築不可物件となっていました。

再建築不可物件のデメリットは建て直しができないこと。建築面積を広げたり、平屋を二階建てにしたりもできません（水回りなどのインフラ設備の交換、断熱性や耐震性の補強などの部分的なリフォームは可能です）。

また担保としての価値が低いため、低金利の住宅ローンの利用が難しくなります。あえてローンを組もうとすると、とても金利が高くなるそうです。

一方で最大のメリットはなんといっても価格が安いこと。購入価格だけでなく、建物や土地についての評価額が低いため、固定資産税も通常の物件よりも格安になります（この家の年間の固定資産税は4万円しないくらいです）。

メリットとデメリットを踏まえたうえで、配管インフラや私道の権利関係に問題がなく、近隣との関係が良好な再建築不可物件は、とてもいい！というのが私の実感です。

意外と人気の「旗竿地」

小さな家が安かったのは「旗竿地《はたざおち》」だったこともあります。

「旗竿地」というのは、公道に面しておらず、土地の出入り口となる通路部分の奥に家がある土地のことです。

簡単にイメージするなら「小さな道の奥にある家」といったところでしょうか。

私は子どものころから奥まったところにわくわくします。旅行しても小道の奥をのぞいてみたくなりますし、その奥にカフェなんて見つけたら、つい入ってしまう。仕事先へも一番細い道を通っていくのが楽しみと、「偏愛」的なところがあります。

家を建てられる部分の面積が狭い、私道の有効活用が難しい、周りの家に囲まれて風通しが悪い、などの理由から、旗竿地の値段は安くなります。

一方で不動産会社の担当さんによると、意外と旗竿地は人気があり、「道路の奥に家が立っているところが気に入って家を見に来た」という人たちが多かったそうです。丸見えにならない、ちょっと隠れた感じが好きな人は多いと思います。

ただこの家の場合は、再建築不可物件のため住宅ローンが組めず、皆さん契約までには至らなかったとのこと。

道路から入って小さな私道の先が私の家です。
奥まっているので静かです。
道路を通行する人から丸見えにならずに暮らせます。

諸経費は物件購入費の10%が目安

家を買うときは、土地と建物の代金を払って終わり…ではありません。意外と忘れがちなのが物件価格とは別に必要となってくるお金です。これを「諸経費」と呼び、現金で用意します。

ここでは一般的な例をもとにまとめてみましょう。

・申込証拠金や手付金（購入代金の一部）…いわゆる「頭金」などで、売買契約時に売主に支払う。後に物件の購入代金の一部に充当される。

・仲介手数料…仲介会社を通して物件を購入する場合に仲介会社に払う。消費税がかかる（今回は売主物件だったためゼロ円）。

・不動産の登録免許税…不動産登記（所有権の保存または移転など）、抵当権設定登記の際に必要な登録免許税。司法書士に依頼したらその報酬も必要。

・売買契約書に貼る印紙代…売主とかわす売買契約書に印紙を貼る形で支払う税金。金額は契約金額に応じて変わる。
・不動産取得税…不動産を取得した際に、一度だけ支払う税金。
・固定資産税・都市計画税…購入する年の分を日割りで支払う。
・消費税…新築マンションと新築一戸建ての「建物」部分が対象。「土地」や「個人が売り主の中古住宅」の売買には消費税はかからない。
・引っ越しの経費

このほか、住宅ローンを契約する場合は、ローンの契約書に貼る印紙代、借り入れの事務手数料や保証料、火災保険や団体信用生命保険特約料などの保険料、固定資産税や管理費の清算金などの諸経費が発生します。

ご参考までに67ページに今回の物件購入でかかった諸経費の内訳を掲載しました。

不動産会社で働いていたとき、目いっぱいローンを組んで物件を購入したけれど、諸経費が払えないと相談に来た若夫婦がいました。諸経費は物件購入費の3～13％ほどと言われています。最初から心づもりしておけば慌てずにすみます。

「平屋」の意外な価値

絵本に出てくる家は、だいたい平屋です。80年以上も前に書かれた『ちいさいおうち』もそうですし、元気な白猫『ノンタン』は平屋に一人暮らし。東京ディズニーランドにあるトゥーンタウンのミニーの家も平屋だったと思います。

子どものころ、車でよく通る交差点の角のところに平屋の家が建ちました。小さな平屋に小さな庭があってコンパクトでシンプル。私はずっと憧れていました。交差点で赤信号になると、青信号になるまで平屋を見ていられるから、内心「ラッキー」と思っていました。

子どものころに住んでいたのは田舎の新興住宅地で、二階建ての家ばかりだったので、その平屋のこぢんまりとした佇まいを、多分私だけでなくいろんな人が「素敵だな」と思って見ていたような気がします。

その家は塗り替えられたりしながら今もそこに立っています。実家に帰るバスの中で、私はいつもその家を探します。昼でも、夕暮れでも、夜でもとてもかわいいです。少し古くなっているところがますますかわいいです。

今も私の住んでいる地域に平屋はほとんどありません。もしかしたら私が小さな平屋の空き家を見つけて「どうしても欲しい」「自分の家になったならどんなにワクワクするだろう、どんなに素敵なことだろう」と思ったのは、子どものころからの憧れの家のことがあるからなのかもしれません。

平屋の魅力は、かわいらしさだけではありません。実は耐震性にも優れています。正方形や長方形といったシンプルなつくりであることや、建物が低く揺れにくいといった理由から、二階建てや三階建てに比べて地震に強いと言われているのです。

家を買うことをどう家族に伝える？

私が「空き家を買いたい」と言ったとき、元夫がどんな反応をしたのか、実はよく覚えていません。多分、「ふ〜ん、いいんじゃない？」くらいの感じだったと思います。

彼は若いころから「自分のやりたいこと」を、誰に反対されようと真剣にやってきただけあって、私や子どもが本気でやりたいと思ったときに、それがどんなにヘンなことであっても頭ごなしには反対しません。なんなら協力してくれさえします。それが彼の素晴らしくて尊敬できるところです。

私は今回の空き家の購入についてかなり真剣で、物件情報について調べまくってはいつも話題にしていました。

だから「本当に欲しい！　デメリット調べまくってもどうしてもこの家が欲しい！」と言ったときには、彼は「この人がこう言ったらもう買うだろう」と、ある種観念したのだと思います。

「よく旦那さんを説得できたね！」と言われることもありますが、それは私が毎年年末に行っていた「会計報告」が功を奏したのかもしれません。

報告するのは私が管理しているお金についてだけです。現在の貯金額や、1年間の収支、今後の収入の見通しなどを彼に欠かさず報告していました。

家を買うときも、「貯金がこれくらいあるから、これくらい使える」とお金の話も含めてしていました。

何か大きな買い物がしたいなら、普段からお金まわりのことをある程度オープンに話しておくのがおすすめです。

自分で好きな日に即金で決済して、彼には事後報告で終了。

家計は各自が負担する部分を決めて、残りは各自で管理していたことが、各自の希望通りにお金を使える自由につながっていたように思います。

歳をとっても、安心して一人暮らしできる価値はプライスレス

物件を借りるときでも購入するときでも「事故物件」でないかどうか、私は結構気にします。小さな家も、こんなに放置されている理由は「事故物件なのかもしれない」と心配になり、不動産会社だけでなく近所の人にも聞きました。

元は家族で住んでいたけれど、子どもが大きくなって独立し、最終的にこの家に住んでいたのは高齢の母親おひとりだったそうです。子どもに同居を提案されても「一人で暮らしたい」と自分のペースで暮らしていたようです。

気丈な方と伺いましたが、90代女性の一人暮らしです。

ゴミを捨てることも大変になってゴミ収集は家の門扉のところまで取りにきてもらっていたりと、近所の方や行政の方の気遣いに支えられながら暮らしていたこと、

小さな庭だけど雑草には苦労していたこと、水やりも大変になって、お隣の方がついでに撒《ま》いちゃってたというエピソード、夏は水撒きすると「涼しいね」と喜んでいたなんてエピソードを伺いました。

これが小さな家を気に入ったもうひとつの理由です。

時々はいろいろな人に支えられながら、女性が一人で暮らせていた、ちょうどいいサイズの家。歳をとって大きな家に一人で住むのは大変だけど、こんなこぢんまりとした平屋だったら案外いいだろうな、と自然に想像することができました。

私も高齢になって、もし一人になることがあったら、子どもや誰かと同居するより一人で気楽に生活することを選ぶでしょう。

自分のペースで、自分のリズムでいろいろなことができる。「孤独」よりも「自由」を感じます。

家族で暮らすには手狭であっただろう小さな家には、たくさんの改修の跡があり、思い出の積み重なりを感じました。

小さな木製の名札が門にかけてあり、レトロでかわいらしい小さなベルがついています。門を開けるとそれが小さく鳴ります。

持ち主がいなくなり、戻る人も受け継ぐ人もいなくなって売却された家は、静かにどんどん荒れていきました。壊れながら、忘れられながら、お荷物になりながら、ずっとそこにあった。そんな家です。何かのご縁で手に入れることができたこの小さな家に、私がまた灯りを灯す。

ボロい家の荒れた庭にポツンと立っていると、この家をしっかり直していこうというやる気が湧いてくるのでした。

物件探しは恋愛と同じ

耐震性、ハザードマップ、駅近、激安の再建築不可物件、旗竿地、平屋。

手に入れたボロい家は、私の条件と好みを兼ね備えていました。

でも最終的な決め手は、物件への愛情、ただそれだけです。

物件探しとは恋愛のようです。

最初は相手のスペックを気にして調べまくります。条件を見て、いろんな計算をして他と比較して、よりよい条件を求めて頭でっかちで欲張りになっていく。

でも「なんか好き！」と思うものに出会ってしまったら、条件なんてなんでもいい、好きだとのめり込み、デメリットまでチャームポイントに見えてくる。他の人に「あんなのやめとけ」と言われても、愛が最優先です。

この家も、私の譲れないスペックにかろうじて適《かな》っていたので内見しました。

でも実際に見たら、土足で入らなければいけないほど汚く、壊れていました。どこも一切取り繕われていなくて、すっぴんの状態です。

その飾り気のないすっぴんを見て、忘れられなくなってしまった私でした。

このボロい家を、自分が直したい。守りたい。きっとできるだろう。

そんなふうに思いました。

ただし「恋は盲目状態」になってしまうのは、大人としては無責任です。失敗したとしても自分が立ち直れるだけの体力、財力、メンタルを残しておくことだけは、冷静に考えていました。

そうして選んだ物件だからこそ、今後もし手放さなくてはならなくなったときも、「儲けてやろう」と価値に固執せずに、最終的には誰かに委ね、家の幸せまで願えるとも思えました。

だからやっぱり物件探しは恋愛と一緒です。

この人／家を手に入れたい。絶対に失敗したくないけれど、うまくいくかどうかはわからない。でも後悔したくないから、やってみたい。そういう不思議で深い何かを感じるものだと思います。

土地建物費用の諸経費

諸経費内訳	購入に必要だった諸経費の金額概算	コメント
申込証拠金や手付金（購入代金の一部）	0	現金一括で支払ったため0円
仲介手数料	0	売主物件だったため0円
不動産の登録免許税	271,500	司法書士への報酬も含む
売買契約書に貼る印紙代	5,000	概算
不動産取得税	166,700	
固定資産税・都市計画税	36,286	概算
消費税	0	物件価格が税込だったため0円
引っ越しの経費	0	自転車で往復
合計	479,486	

第2章

リフォーム

間取りも基礎も、
すべてを自分で決められるのは
リノベーションだからこその楽しさです。
コンセプトは「一人のための家」。
ミニマルに、シンプルに、
自分の本当に欲しいものを
追求すると、心地よい空間になります。

リフォーム会社には「下限金額」より「上限金額」を聞く

いよいよリフォームです。小さい家の再生に、一体いくらかかるのでしょうか。

「相談できるリフォーム」「リフォーム　格安」「リフォーム　東京23区」「リフォーム　再建築不可物件」「リフォーム　ボロ屋」といろいろ思いついたワードで検索したり、マンションのポストにチラシが入っていた地元の会社に電話したり。デザインに凝った会社や、激安価格の会社など5社ほど検討しました。

実際に会って話をした会社もありましたが、うまくいきませんでした。

どこも最初に安いプランを出してくるのですが、必ず追加工事で費用が発生することが予想できます。たとえば床を剥がした場合、床の木が古くて使えないことがわかっているのに、新しい床材の値段が見積もりに載っていなかったり…。

そのことを指摘して見積もりを希望しても「やってみないとわかりません」という回答ばかり。最終的にいくらかかるのか、予測できず、決断できませんでした。

結局、家を買った不動産会社の担当さんにリフォーム会社を紹介してもらうことにしました。

決め手は、内見時に担当さんが見せてくれたプランです。「上限を教えてほしい」と聞いたところ、「基礎工事と壊れているところを全部直しても、1000万は超えないですよ」と言われ、ようやく「それなら私がなんとかできるな」という見通しが立ちました。

家のリフォームは、下限の値段は安くてもオプションが高かったり、工事してみるまでわからない部分も多く、下限の金額で済むことはほとんどありません。そういう意味でも、「上限」という難しい質問に明確にきちんと答えてくれた業者を信じてみようと思えました。

リフォーム前の下見で業者さんに初めて会ったとき「大丈夫、直せますよ!」と言ってくれて「大丈夫なんだ、この家。私も大丈夫なんだ」と安心できました。

そのときこの家をこの人たちにお任せできると思えました。

シロアリさえも出て行った本当の「空き家」

リフォーム会社さんと、紹介してくれた不動産会社の担当さんと空き家で待ち合わせをした日のことです。

所有者の私は家の中に入るのが怖かったのですが、二人はどんどん窓を開けて玄関を開けて風を通していきます。

中に入ると配管のカビなのか、古い木の臭いなのか、朽ちた床の畳の臭いなのか。とにかくなんともいえない古い臭いです。

天井も、床も、畳も、風呂も、洗面所も、トイレも、すべてが泣きたくなるくらいボロいのです。

ゴキブリやネズミや、もっと大きな害獣がひそんでいたらどうしよう。

床下や土台部分の木などあらゆるところがシロアリに食べられていて、スカスカでした。

「シロアリは今、この家のどこに棲んでいますか?」とたずねたところ、リフォーム会社さんによると「もうここは食べるものないから出て行きました」とのこと。

私の購入した家はシロアリすらも出て行った「本当の空き家」だったのです。

そういう事実にあらためて打ちのめされた私は、不動産会社の担当さんに「こんな家を欲しがるの、私しかいないですよね」と、つい弱音を吐いてしまいました。

すると担当さんは「そんなことないです。この家は内見する人が本当に多く、こぢんまりしていてちょっと奥まっているところが気に入ったという女性の方もいました。ただローンの関係などで最終的には決まらなかったけれど、人気物件でした! この物件のせいで休めないこともありました」と私を勇気づけてくれました。

直さないとダメなところと現状で使えるところ、かかるコストのことなど正直に伝えてくださる姿に信頼を感じました。

家に求める役割を絞り込んで、シンプルに暮らす

再建築不可物件とはいえ、基礎からやり直すので、ほぼゼロからのリノベーションとなります。間取りはどうする？　どこにお金をかける？　デザインは？　建売やマンションと違い、すべてを自分で決める必要があります。

あらためて「私が家に何を求めているのか」を考えました。「こだわりの料理をしたい」「誰かを招いてお茶したい」「一人でゴロゴロくつろぎたい」など、人それぞれの価値観や大切にしたいことがあると思います。在宅ワークが増え、家の役割は多様になり、家で余暇や仕事、休息とあらゆることをやるのが理想の人もいるでしょう。けれど様々なものに対応できる家にすればするほど、お金はかかり、物は増え、管理が大変になります。家にいても、時間とものに追われる生活になります。

私は今までミニマルな暮らしで、ものを減らして快適さを手に入れてきた経験から、家に求める役割は、ごくシンプルになりました。

家は安心して休息するところ、回復してエネルギーをチャージするところです。仕事も、料理も、交流も、一旦は横に置いておきます。

たとえば仕事は、人の気配を感じながら図書館やカフェで原稿を書くほうがはかどります。誰かが作業している中にまぎれていることが、とても居心地がいいのです。家で仕事もしますが、頭が働かなくなったら、PCを持って図書館に行きます。電車に乗って違う街の図書館に行くこともあります。気分転換にもなるし、ちょっとした運動にもなります。

小さな家に仕事の装備を充実させるお金と時間があるなら、街で使いたい。家はゆるみきって休息とパワーチャージすることを最大の目的にすることにしました。

私が今求めているものに向き合っていこう、「今の自分ファースト」でリノベーションすることに決めました。

「一人暮らしのための戸建て」は意外に少ない

冒頭でも述べましたが、家を買おうと思ったきっかけは、「離れが欲しい」という思いです。一人で過ごせる空間が欲しかったからでした。

この小さな家は思いっきり「一人」を主役にして、「休息できる場」としてつくってみよう。

こうして家のリフォームの方針が決まりました。具体的には後で詳しく述べますが、

・基礎をきちんとする
・間取りを取り払って広いワンルームにする
・窓を減らす
・キッチンはコンパクトに
・収納は最低限

などなど。

リフォームプランを考えていたら「一人」にこだわった一戸建てって、あんまりないなと気付きました。

「家」というと家族を連想しがちですが、今は結婚しないで暮らすことも、子どもを持たないこともスタンダードになっています。

たとえ今は家族で暮らしていても、今後子どもが自立したり、長年連れ添った人と病気や環境の変化、考え方の変化で別れたりするかもしれません。それは急に誰にでも起こる可能性があり、みんないつかは一人を経験するのだろうと思います。

実際、食洗機や冷蔵庫などの家電は、一人用のものがどんどん進化して増えています。コンビニやスーパーでは一人用食材が充実した品揃えで売られています。

一人暮らしのニーズは年々高まっている上に一人暮らし用の戸建ては少ないので、もし将来売却するとしても、競合相手も少ないはず。

一人に優しい戸建ては、これからもっと需要が増えていくに違いないです。

工事中からはじまるご近所付き合い

リノベーションにあたって心配していたことは、近隣との関係です。雑草に覆われた放置空き家のオーナーとなった、どこから来たのかもわからない40代女性である私は、どんな印象を持たれているのか、果たしてここでうまくやっていけるのか、不安でした。

工事前に不動産会社の担当さんと職人さんに挨拶回りをしてもらい、工事中は私もなるべく顔を出して近隣の方に挨拶するようにしました。

そしてだんだんわかってきたことは、近隣の皆さんは放置されている空き家について、倒壊や放火への懸念、獣害、木の生い茂りなどを心配していて、放置空き家がついに直されることを、好意的に捉えてくれていたという事実でした。

大掛かりな工事の騒音や人の往来について、クレームがあったらどうしようと緊張していましたが、近隣の方々の了承のもと、私道にトラックや作業の車を置かせてもらうこともでき、ひと安心でした。

問題の多い「空き家」を直すことは近隣の方にとってもメリットが大きいようで大変親切にしてもらいました。

特にお隣にはいろいろと助けていただいて、平屋の中を全部取り除いたタイミングで一緒に家に入ってもらい、「どうするの、これ…」「どうしましょう、これ…」とお互いに途方に暮れたこともありました。特に問題が解決するわけではないのですが、一人だと泣きそうに心細いのに、二人で途方に暮れているとなんだかおかしくなって笑えてきて、今ではそれが素敵な思い出です。

その後もお隣とは、庭に植えるラベンダーの苗をいただいたり、お庭を見せていただいたりと、よい関係でありがたいです。

基礎工事をがっちりやり直す

内見の日に不動産会社の担当さんが持ってきた安いプランは、屋根や室内の柱などを直すだけの内容でした。賃貸物件として収益を上げるために最低限の予算で、どうにか住めるだろうというところまでギリギリで直す格安プランです。

しかし、私が小さな家で実現したいのは、「心地よく住める家」「一人のための家」です。

お金がかかっても、基礎工事をしっかりして、古い配管を新しくしたいと切実に考えていました。ぱっと見だけキレイにして賃貸物件にして、借りてくれる人がいたとしても、住んでみたらインフラ関係のトラブルが絶えないなんて、安心して暮らせません。長期的に見ればマイナスです。

職人さんが床を剥がし、床柱を抜いて、壁も剥がし、なにもかも空っぽにして土台からやり直しすることになりました。

足場を組んで、床下にコンクリートを流し固めます。

これで地面からの湿気が床下にこもらなくなり、湿気を好むシロアリなどが棲みつくのを防ぐことができます。

水道管も新しいものに取り換えました。


ちょっと残念だったのがガス管です。

お風呂はガス管を新しくするだけで済みましたが、キッチンには管が複雑な通り方でつながっていたため、新しく配管し直す場合、かなりの予算オーバーになることがわかりました。

予算厳守が今回のリノベーションの絶対条件だったので、潔くキッチンのガスを諦め、ＩＨを採用することに。

「賃貸に出すことを考えると、電気のほうがいいよ」との職人さんのアドバイスもあり、予算と防災の両立ができました。

壁も収納も取り払った

23畳のワンルーム戸建て

白い家は45平米ほどの広さです。昔の一般的な間取りで、和室ふたつとキッチンの2DK。6帖ほどの和室は、押し入れ、ふすま、欄間《らんま》、床の間と、純和室の設《しつら》えです。収納はあるものの、広いとは言えず、家具を置いたらかなり狭そうです。

南向きの窓から日が差し込んで明るいのになぜか寒い…。

「一人のための家」としてつくるなら部屋数はいりません。思いきって間取りの壁と収納すべてを取り払い、23畳くらいのワンルームにすることにしました。

そんな私の考えに「待った！」をかけたのは職人さんたちでした。

「玄関のドアを開けたら部屋全部が丸見えになってしまうので、せめて玄関のあたりに目隠し的な壁か、廊下的なものをつくったら？」と言うのです。

丸見えワンルームを嫌う施主が多かったという長年の経験から、私にアドバイスしてくれたのです。

賃貸物件にするなら、部屋数を多くしたほうが家賃も上げられるとアドバイスしてくれました。でも、そういう小さく区切られた家はたくさんあるけれど、平屋ワンルームなら競合相手は少なそう。シンプルな空間で暮らしたい人にはきっと届くでしょう。細々と区切られた部屋よりも、見通しのきくスタジオみたいなワンルームに惹かれました。

現在住んでいるマンションでも壁を取り払う工事を数年前にしており、空間を自由に使う暮らしの魅力は体感しています。

こうして大きなワンルームが完成しました。

同じ広さの家とは思えない、想像以上に広々とした贅沢な空間になり、大満足です。どこでごはんを食べても、どこで寝てもいい、その日の気分で好きに選べます。

職人さんたちもでき上がったら、これはこれでスタジオみたいで気持ちがいいねと言ってくれました。心の中で「スタジオみたいになったらいいな」と考えていたのでこの一言はとても嬉しく思いました。

8つの窓を2つに減らす

リノベでは外壁回りも大きく変えました。まずは窓。

戸建てのトイレ、洗面所、お風呂にはたいてい窓がついているので、私もかつては窓があったほうがいいと思っていましたが、マンション暮らしで考えが変わりました。

窓のない洗面所とお風呂は「寒くない」のです。

冬に実家のトイレや洗面所、お風呂が寒かったのは窓からの冷気を感じていたからだと気付きました。家の熱は大部分が窓から逃げているそうです。

エネルギー価格が高騰していることもあり、いっそ水回りのすべての窓をなくすことにしました。断熱効果は高まりますし、掃除の面でもトイレ、お風呂掃除がとてもカンタンになりました。何より一人で夜中にお風呂に入ったり着替えたりするときに窓がないという防犯の面での安心は大きいです。

水回りだけでなく、南向きだったキッチンの窓もやめました。キッチンの作業台の前に窓があるのは、なんとなく素敵なイメージです。私も最初はキッチンにあった大きめの窓を残すプランで進めていました。

しかし実家を思い出してみると、キッチンのシンクの前に大きな窓があり、冬は冷気が入ってくるし、手が届きにくいため掃除が行き届かなくなりがちでした。

キッチンは毎日使うものだから、料理に集中できて掃除しやすいことを最優先にして、窓はつけないことにしました

デザインもスッキリ。冬の冷気の心配もなく、結露の悩みからも解放され、掃除はカンタンでラクなキッチンができたので満足しています。

小さな家に最終的に残した窓は、南西に向いた大きな掃き出し窓と、東向きの窓のふたつのみ。ワンルームですのでこれで採光も十分。明るくあたたかい家ができました。

窓の断熱性を高めると快適さが爆上がりする

窓の数は減らしましたが、サイズや機能にはこだわりました。

まずはサイズ。ふたつしかない窓からしっかり採光できるように、オーダーで大きい窓をつけています。

ガラスは複層ガラスです。窓は84ページでも書いたように、熱の出入りが最も大きい場所です。窓の断熱性を高めれば、夏の冷房や冬の暖房の効果がぐんと高まり、光熱費の大きな節約になります。

複層ガラスとは、2枚以上のガラスを組み合わせガラスとガラスの間に空間を持たせたガラスのこと。「ペアガラス」と呼ばれることもあります。リノベーションの際、大工さんは「今は複層ガラスが標準になっているよ」と言っていました。

一枚ガラスよりも少し重いのですが、断熱効果が全然違いますし、結露もしません。

ガラスの組み合わせによっては遮音効果も得られるそうです。

サッシは樹脂製です。こちらもアルミサッシに比べて、断熱性や防音性に優れています。

樹脂サッシのデメリットとしてアルミサッシよりも劣化が早いことが挙げられますが、それでも寿命は30年から50年もあるそうです。

結果、窓の値段は当初想定していたよりも高く、19万1200円になりました。快適に過ごせてとても満足しています。

寒くて暑い家に困っていたら、窓を変えてみると快適になるかもしれません。

今はエコなリノベやリフォームに、自治体が補助金を出してくれることもあるので、ぜひご自身の自治体などで調べてみるのもよいと思います。

窓シャッターのかわりに、オーダーメイドの防犯格子

一人のための家は、防犯も大切です。

窓に格子をつけることにしました。大きな窓のほうはあまり格子をつける人がいないので、格子は特別注文になりました。

格子をつける案を職人さんに相談したら、「やめたほうがいい」と強く反対されました。その理由は、「冷蔵庫など大きな家具を出し入れするときに格子があると邪魔だから」。そのかわり勧められたのはシャッターの取り付けでした。でも出かけるたびにシャッターを下ろすのが面倒ですぐにやらなくなりそう。すると防犯面で心配です。

そもそも、想定している暮らしは快適シンプルなミニマルライフですから、大きくて運びづらいものや、出し入れしづらいものは買うつもりがありません。

ということで格子を採用しました。

「窓から入れない家」と視覚的にわかるだけでも、防犯効果は高まるはずです。格子を大きな窓につけたら圧迫感があるのでは、という心配も少しありましたが、さほど気にならず、安全面や風を通す面で希望が叶えられて満足しています。

我が家は全員、すぐに窓を開けたくなるタイプです。雨が降ったらその雰囲気を確かめたくなるし、風が気持ちいい季節には窓を全開にして楽しんでいます。雨が降っても風が吹いていても、晴れていても曇っていても、ひっきりなしに窓を開けたくなります。

夏の朝にまだちょっと涼しい風を取り込み、夕暮れの風で涼む。

網戸だけだったら、こんなふうに窓を開けることはなかったと思うので、格子をつけて大成功でした。

断熱材を3倍にして光熱費3000円に

今回のリノベで助かったことは、元の屋根をそのまま使えたことです。ボロボロの家でしたが、屋根だけは以前の持ち主によって瓦屋根が軽い素材のものに取り換えられ、防水加工も施されていました。もしかしたら雨漏りがしたのかもしれないし、地震などの被害を防ごうとしたのかもしれません。

職人さんに状態を確認してもらって既存の屋根で大丈夫とわかり、その上から丸ごと断熱塗料を塗ってもらいました。

屋根まで剥がしての工事になると、かなりの費用がかかっていたことを思うと、本当に幸運でした。

屋根の形はポピュラーな三角屋根です。専門的には「切妻屋根《きりづま》」というそうです。職人さんによると、この屋根の形がトラブルが少なくてメンテナンスもしやすく、結局コスパが高いとのことでした。

リノベに取りかかる前は、天井を取って古民家みたいに梁《はり》を見せようかなと思っていました。そのほうが空間にゆとりができて、面白いかなと考えたのです。しかし職人さんが「それは最悪だよ。冬は寒くて夏が暑い、ただの大きなテントみたいになるからやめておいたほうがいい」と言うのです。「天井にはやっぱりそれなりに機能があるから」と。

天井がないと夏はすごく暑く、冬は吹きっさらしの板の下にいるような状態になり、光熱費が一気に跳ね上がります。

それを聞いて、天井に断熱材を二重に貼ってもらいました。屋根の断熱とあわせれば三重の断熱になります。

おかげで猛暑の中でもそれほどエアコンの温度を下げずに過ごせて、ひと夏の光熱費は3000円に抑えられています。

キッチンにどこまでこだわる？

「結婚して妻となって子どもが生まれて母になって、女性は大抵キッチンに愛着を持つもの」。本当にそうでしょうか？

キッチンは広くて光がさして明るくて、こだわりが満載！　コンロは最低3口、備え付けのオーブンや食洗機があって、冷蔵庫は大型で…。

実現したら、オプションだらけになって予算が一瞬で破綻します。

私も料理好きなほうがよくて、家族に美味しい手づくりのごはんをつくるべきだという幻想に、長いこと縛られていました。そうなろうと努力したこともあります。けれど、自分の本音と向き合ってみると、私は母が毎日手料理をつくってくれたり、学校教育でも「食」にまつわるいろんな教育を受けてきたにもかかわらず、料理に対する熱情がないことに気付きました。

ミニマルな暮らしをするうち、「美味しいものが大好き」「料理をつくってもてなすことが好き」「料理はストレス解消になる」「夫が喜ぶのはやっぱり妻の手料理」なんていう暮らしが、私にとってはただの呪いで、実際は結構どうでもいいことだという事実に気付いたときは、自分でも目眩《めまい》がするくらい衝撃でした。

現在は高校生になった子どもが外食することも増えて、家族もそれぞれの友人や仕事関係の人たちと食事する楽しみを持ったり、1日3食にもこだわらず、気楽に1食抜いてみたり、お腹が空いたら食べるなど、かなり自由なスタイルです。

キッチンへの愛も軽くて、「ごちゃごちゃしないでカンタンに使えるなら、火力のこだわりもないし、使い心地とかなんでもいい」。

すごく忙しいときの私のご馳走は、塩気がガツンと効いたチキンラーメンとか、疲れて「無」になりつつ現実逃避しながら見るドラマとリプトンのお茶にクッキーです。

そんなリアルな生活にキッチンをあわせたら、一人暮らし用のキッチンセットにIHの二口コンロに落ち着きました。

必要にして十分、掃除もしやすくて最高です。

職人さんが勝手につくった
キッチンの「壁」

このように、間取りや窓など「普通の家」のスタンダードとされている仕様や機能や枠組みをどんどん外したリノベーション。職人さんも驚きながらも私の希望に沿ってくれていたのですが、ひとつだけ、職人さんがこだわったところがありました。

それが、キッチンの横の壁です。当初私は、本当にすべての壁を取り払ってくださいとお願いしたのですが、職人さんが、ひとつだけ壁をキッチンの隣につくったのです。「冷蔵庫や電子レンジを置くといいよ」と専用のコンセントもつけてくれました。

ワガママな私と職人さんの、それぞれが大切にしていることや譲れない想いが、この小さな壁に表現されたようで、嬉しかったです。

「一個も壁がないのは不便だよ」と職人さんがつくっちゃった壁は、あるとやっぱり便利です。

気を付けたいリフォームローン

今回の物件を取得した総費用が730万円。それに対してリノベーション費用は約867万円と、リノベーションのほうにお金がかかりました。

私は現金払いでしたが、もし貯蓄がないなか予算を考えるなら、気を付けたいのがローンです。**意外とリフォームローンは使い勝手がよくありません。**

まず借入限度額の上限が1000万円程度であること。住宅ローンが2億円程度ですから、ずいぶん安いと思いませんか?

借入期間は最長5年~15年と住宅ローンの最長35年に比べて短く、金利の目安も2%~5%と、住宅ローンの1%~3%に比べて高くなっています。

住宅ローンを利用してリフォームすることもできますが、その場合は「担保が必要」「審査が厳しい」「審査に時間がかかる」というデメリットもあります。

リフォームローンと住宅ローンの違い

内容	リフォームローン	住宅ローン
借入限度額	500万円～1,000万円	1億円～2億円
借入期間	1年～15年など	最長35年
金利の目安	2%～5%	1%～3%
審査期間	1日～1週間程度	1週間～2週間以上
審査	比較的通りやすい	厳しい
担保	無担保型の場合は不要	必要

そのため、リフォームについては貯金の範囲で行うことを選択する人も多くいます。

意外に知らないと後悔するので、知っておくと、予算の配分を考えることができます。

結論。リノベーションは楽しい

それまで私は、マンションのほうで、数回のリフォームを経験していました。購入時には壁紙や引き戸の取り外しなどの簡単なリフォームを行い、7年前には寝室とリビングの間の壁を取り払いました。今回築67年の家をリノベーションして思ったことは「古いとガンガン変えられて面白い!!」ということでした。

水回りの配管から、床下の構造まで、設備のすべてがもう限界。使い果たされて、壊れて、部分的なリフォームでは済まない状態。「まだ使えるかも」という迷いがまったくないのです。バスルーム、給湯器、配管、キッチン設備、窓など思いっきり躊躇なく変えることができました。

潔く全部中身を抜き、間取りの壁を取り払って床下にコンクリートを流し込み、配管をやり直した家は「完成した」というよりは、まさに「蘇った」パワーがありました。

もちろん、リノベーションは大変です。時間も手間もかかるし、予定通りには絶対にいかず、作業の途中で解決すべき問題も必ず出てきます。

トラブルを乗り越えるために試行錯誤し、アイデアを出し合ってプランを立てる、あれこれと頭の中でシミュレーションを繰り返し、実際にトライしてみる作業も含めて、家の個性になっていく面白さは最高です。

予想外だったことはたくさんありました。

たとえば、ＩＨではなくてガスにしたかったけれど配管の関係で大掛かりな工事が必要になるため、諦めざるを得なかったこと。

基礎をほぼ全部やり直さなければいけなかったこと。

床下や土台の木があちこちシロアリに食べられていたこと。

窓の値段があんなに高かったこと。

そして職人さんに「壁をつけたほうがいいよ」と説得されそうになったけれど、自分の意見を貫き通す負けない心も必要でした。

リノベーションは自分のヴィジョンをリアルにしていく、クリエイティブな大人の工作遊びに近いものがあります。子どものときにはできなかった大きさのものを、予算を組んで考えて、人の手を借りながら、本気でつくり上げていくのです。

苦労したこの家ができ上がったときには、職人さんへの尊敬の気持ちがむくむく湧き上がりましたし、あんなボロい空間をここまで再生することができたというチーム感もひしひしと感じていました。

職人さんたちにもう会えなくなるという寂しさもひそかに感じて、「やっとできた」「解放されて嬉しい」「達成感がすごい」「終わっちゃった」「本当にできたんだ」「信じられない」「ワクワク」「本当にこれでよかったか」とかいろんな感情がごちゃ混ぜな引き渡しの日でした。

次はワンルームマンションをリノベしたい

今も私は物件に興味津々です。今度は中古ワンルームマンションを一部屋買って、リノベしたいと思っています。

物件探しの必須項目（36ページ参照）をもとに、ＳＵＭＯやアットホームをこまめにチェックしていたら、先日都内で20平米くらいの物件が８００万円くらいで出ていました。内見予約をするか迷っていたら、あっという間にサイトから消えてしまいましたが…。

ワンルームマンションを買いたい理由は、シンプルに小さくてかわいい部屋をリノベーションしてみたいという夢、この先は一人暮らしの人が増えてくるので、賃貸物件のオーナーになって活用してみたいという好奇心、年齢が上がって小さな空間でラクに暮らしたくなったときの自分の住まいとしてもいいのではないかと、いろいろな考えが広がっています。

手ごろな値段で購入し、100万円くらいでお風呂とキッチンだけリノベしてきれいにしてから売ってもいいかもしれません。

大家さんとして家賃収入を得たり、売って利益を得たり、もしかしたら自分の子どもに住んでもらったり。物件はいろいろな使い方ができるので、楽しいです。

第3章

コスト・お金

新築と違い、
工事してみないとわからないことも多く
とにかく予算が膨れ上がりやすい部分。
でもだからこそ、面白い！
基礎までしっかりリノベしながらも、
コストを抑えた、
私なりの工夫をお伝えします。

リノベーション費用・全公開

リフォーム工事

	数量	単価	金額
解体及び産廃処分費	1.0式		490,000
玄関アプローチポスト　門扉土間コン工事	36.0㎡		800,000
設備工事費	1.0式		490,800
キッチン玄関廻り木工事	1.0式		1,100,500
洋間　木工事	1.0式		1,213,000
洗面／トイレ	1.0式		553,560
浴室　給湯器	1.0式		757,930
電気工事　TV　電話　インターホン	1.0式		612,690
クロス工事費	1.0式		260,300
ハウスクリーニング	1.0式	45,000	45,000
現場管理費	1.0式	75,000	75,000
諸経費　駐車経費含む	1.0式	180,000	180,000
その他追加分	1.0式		100,940
値引き			▲79,720
消費税			660,000
合計			7,260,000

窓・サッシ工事

	数量	単価	金額
面格子引き違い窓2枚複層 オーダー 1640×131	1.0	92,000	92,000
スライド網戸半外付き 818×1148	1.0	5,460	5,460
引き違い窓 4枚複層 2550×1830	1.0	99,200	99,200
スライド網戸半外付き 1848×648	1.0	15,000	15,000
ラチス面格子オーダー品 2600×1900	1.0	106,400	106,400
取り外し撤去	2.0箇所	15,000	30,000
取付工事費　枠補修含む	2.0箇所	35,000	70,000
上部小窓補修　下地、モルタル補修含む	1.0箇所	90,000	90,000
消費税			50,806
合計			558,866

外部改修工事（屋根と外壁塗装）

	数量	単価	金額
作業用簡易仮設足場	1.0式	42,000	42,000
軒樋交換工事	6.2m	6,500	40,300
竪樋交換工事	3.1m	4,200	13,020
集水桝交換工事	1.0箇所	3,300	3,300
左官工事	1.0式	35,000	35,000
窓廻りシーリング工事　ウレタンシーリング	12.0m	2,680	32,160
モルタル壁塗装工事	37.4㎡	3,000	112,200
スレート屋根塗装工事（遮熱塗料）	40.3㎡	4,000	161,200
瓦棒鋼板塗装工事（遮熱塗料）	21.8㎡	4,000	87,200
追加外壁塗装工事	18.1㎡	3,800	68,780
現場諸経費（発生材処分費、コインパーキング費用等）	1式		16,500
消費税			61,166
値引き			▲2,826
合計			670,000

エアコン工事

	数量	単価	金額
エアコン（18畳）	1.0	134,000	134,000
取付工事費　穴あけ工事含む	1.0	25,000	25,000
冷媒管	7.0m	1,600	11,200
プラロック	2.0	750	1,500
値引き			▲1,700
消費税			17,000
合計			187,000

見積もり金額の合計	8,675,866

こだわらない・打ち合わせ減・シンプルに。リノベ総額870万円を実現した3つの基本方針

今回のリノベーションは、床は土台からコンクリートを打ち、配管と住宅設備は全部取り換え、家全体を断熱材で包むという大掛かりな工事になりました。基礎のやり直しと床下配管に予想外にお金がかかりましたが、最終的にリノベーションにかかったお金は約867万円と無事予算内に収まりました。土地・建物を730万円で購入したので、諸費用を合わせてトータル約1700万円で小さな古い家を再生できました。

リノベーション費用については、物件を探しはじめる前は500万円くらいを見積もっていたので実際には1・7倍くらいかかったことになります。しかし建築資材も高騰する中、最終的に満足できるコストの中でなんとか収まりました。

家づくりはこだわりはじめるとお金がどんどん出ていきます。複雑なこと、凝ったことをするほどコストは高くなって、そのこだわりはいざ住んでみると複雑で、メンテナンス費がかさむなど、面倒のもとになったりします。私は未来に必要な貯金は崩さないとかたく決めていたので、この金額で収まったのだと思います。コストダウンのポイントは3つ。

・こだわらない…床は上質な無垢《むく》材、お風呂だけは一点豪華主義などのこだわりは捨てて、お気楽モードで力を抜いてやってみました。
・打ち合わせを減らす…打ち合わせを極力しなくても進められるように、職人さんに基本お任せ。迷ったら「安いもの」「一人のための家」という原点に立ち戻ります。
・シンプルに…色は白で統一。ワンルーム、窓をなくすなど、つくり自体をシンプルにする。実は、工期の短さは金額に直結するポイントです。

リノベーションが終わった後も、何かを購入するときに心がぐらっときたときはいつも「ムリしない」「見栄を張らない」「自分のお金を大切にする」「人は人　私は私」と心の中で唱えています。

予算を抑えたところ、増やしたところの具体例

予算と住み心地のバランスをとるために、コストをかけないところとかけるところのメリハリを意識しました。

コスト減のために行ったことばかりではありませんが、結果的にコスト減につながったこと、逆にコストをかけて正解だったことを、まとめてご紹介します。

【コスト削減につながったこと】

①部屋数を減らした

当たり前すぎて忘れがちですが、壁も柱も、つくるにはお金が必要です。ワンルームにすればコストが削減できます。間取りの壁をなくし、構造上必要な柱だけ残して

とれる柱はすべてとりました。骨組みの建具や壁紙などの材料費、工事費用が一気に消滅しました。

②白で統一した

詳しくは後述しますが、全体の色を「白」と決めて、あとは職人さんにお任せしたことで、コーディネートするための打ち合わせ時間が短く、工期が短縮できました。謎の色の組み合わせをして、ちぐはぐになってしまうリスクも回避できました。

③賃貸用の設備にした

予算を相談したとき、職人さんに「住宅設備は賃貸用にしたら？」と教えてもらいました。実は賃貸用の設備は、自宅用に比べて値段がかなり安く、特にキッチンやお風呂の値段は大きく違いました。使い勝手はまったく問題ありません。「安かろう、悪かろう」の時代は終わり、技術の進歩で安くていいものがスタンダードになっています。賃貸用を選ばなかったら、１００万円くらいコストがかさんでいたと思います。

④窓を減らした

窓をそのまま残すプランと、窓を減らしたプランをつくってもらったところ、窓をひとつつくるのに20万円ほどかかることがわかりました。さらに古い家についていた古い窓は現在の窓の規格と違っていたため、新しくする際は壁の工事も必要です。窓をふたつに減らしたことで単純に150万円ほど圧縮できましたし、工期も短くて済みました。

⑤収納をつくらなかった

収納が多いと空間は複雑になる。今までの暮らしで、収納が少ないと、空間の自由度があがると体感してきました。小さな家の収納はたったふたつ。キッチンの棚と、洗面所のシンクの下の開き戸収納のみ。浴室にはオプションのカウンターも鏡もつけず、コストを削減しています。管理や掃除がラクになって最高です。

【コストをかけたところ】

①基礎

外してみないとわからない一番予算がかかる部分。案の定、あとから大掛かりな基礎工事が必要と判明しましたが、これは家のための必要経費と考えました。

②断熱

天井と壁に断熱材をしっかり入れ、外壁と屋根の塗装も断熱塗料にするなど、断熱には力を入れました。せっかくリノベーションのコストを減らしても、ランニングコストで光熱費が跳ね上がってしまったら長期的に見れば本末転倒です。職人さんのアドバイスに従って本当に正解でした。

③窓の格子

先にも書きましたが、大きな窓に格子をつけたのはオーダーメイドで割高になりました。安全と採光、風通しのすべてが叶い、満足です。

内装のこだわりは「白」だけにして、コスト大幅減！

P109で述べた「白」で統一した点について、もう少し詳しくお伝えします。

安全と清潔が最優先で私はインテリアへのこだわりは一切捨てましたが、将来資金が行き詰まったときに賃貸に出せる家にしたいな、とは思っていました。

だから、賃貸ではどんな部屋が人気なのかを調べました。

すると圧倒的な「白」人気。子どもも白い部屋がいいと言います。

知人の大学生の姪御さんも「白いフローリングで白い壁の部屋だったら、1、2万円高くてもいい！」と言っていたのを聞いて、「それだったら全部白にしてしまえば、借り手がつきやすいんじゃないか」と思いました。

私自身はノスタルジックな「茶系」が好みでしたが、自分の好みやこだわりを超える楽しみもありそうで、ワクワクしてきました。

ただ、ひとことで「白」といってもいろいろな「白」があります。真っ白、アイボリーがかったもの、青みがかったもの…。

色見本を見だすと決められなくなってしまいそうです。

だから私は「一番安い白でお願いします」と職人さんに伝え、あとは全部お任せしました。

職人さんとしては「サンプルを見てもらってから決めたい」との話でしたが、「白で安くて施工がカンタンなもの、かつ在庫がすぐにあるもの」であればそれでお願いすることにして、あとは一番安いものがふたつあったときだけ、職人さんから連絡をもらうようにしました。

ちょうどコロナ禍で直接会うことが難しく、ＬＩＮＥでやりとりすることが多かったので、選択肢を減らしたことはよかったと思います。

でき上がったのは、壁も床も天井も柱も白。キッチンも扉も白。

全部一番安い白を使って、統一感のある白いワンルームが生まれました。

「安く済ませたい！」から「払いたい！」に変わった心境

業者選びには気を付けなければならない。

ずさんな工事や、お金のからむトラブルに巻き込まれないよう気を付けなければいけない。そんな情報をたくさん調べていた私は、工事が始まったころ、非常に警戒していました。

騙されたらどうしよう。必要ないものを提案されたらどうしよう。

しかし、工事の現場に差し入れをしたりご挨拶するうちに、その考えは１８０度変わりました。

見積もりや図面を見ているときは、数字と画像の情報しかありませんが、実際に職人さんたちが働いている生の姿を見ると、圧倒されてしまったのです。重機を動かす職人さんがいて、トラックまで土砂や木材を運ぶ職人さんはたくさん汗をかいていました。

空き家再生って、想像していたよりもずっと大変なことなんだ。

いかにコスパよくできるか、安さと効率ばかり追い求めていた私ですが、提示された価格よりもさらに安いものを求める必要があるのかな、この自分では絶対できないすごい作業はコストがかかって当然の価値がある。むしろ安すぎるくらいだと思えてきました。

1000万円という予算は絶対にオーバーできないけれど、話し合い、工夫し、アイデアを出し合いながら、迷うところは職人さんの長年の経験と判断で決めてもらって、お任せモードで信頼していました。

現場に差し入れた缶コーヒーを、作業の合間に職人さんたちと一緒に飲みました。

ボロだったこの小さな家で、誰かが美味しいものを飲んだり食べたりする、そんな当たり前のことができるようになったことが、嬉しくてたまりませんでした。

それは何にも代えられない美味しさで「どこでも買える特別なコーヒー」がくれた、とても素敵な時間でした。

「在庫がある」「簡単に手配できる」もので作業効率アップ

工事では、思いがけないつまずきもありました。

ライフラインで問題発生です。給湯器が私の希望するものが入荷するのはだいぶ先になりそうだと連絡が入りました。

コロナ禍で流通や製造が混乱している時期でした。木材は軒並み高騰し、住宅設備が思うように手に入らない、給湯器が手に入らないかもしれないとニュースでよく流れていた時期でした。

お風呂に入れることは当たり前と思っていたけれど、給湯器がなければ水風呂しか入れない！

困った私は決めました。「全部在庫がある、手に入れやすいものから探す」と。

そうしたらトイレ、給湯器など業者さんの手元にあるものでサクサクことが進んでいきました。もともと予定したものよりグレードは高いのに、人気がないから在庫となっていたものを格安で入れてくれたこともありました。

住宅設備は、見ていくほどにいろいろな選択肢があり、迷いはじめるとキリがありません。「在庫がある中でやる、簡単に手配できるものでやる」と決めたことで、打ち合わせにとられる時間、設備を手配する時間と手間を省略して、作業効率を上げることができたのではないかと思います。

あえて予算、時間を制限することで、各自が工夫しアイデアを出し合って、ものごとがスムーズに流れるようになりました。

小さな家は
ランニングコストもお得

ここまで、リノベーションの費用について記載してきましたが、小さい家はランニングコストの面でも優秀です。小さなようで大きな差。参考までに記載しますね。

①光熱費を抑えられる

これはいわずもがな。光熱費を安く抑えられるだけでなく、環境にも優しいです。断熱材もしっかり入れたので、今の光熱費は夏で３０００円くらい、冬も３０００円くらいです。

②メンテナンスのコストを減らせる

小さな家、小さな庭は手入れしやすく、自分で無理なくメンテナンスできます。維持にかかるコストが軽くなります。

③ムダ遣いをしなくなる

収納スペースが限られる分、ものを買うときに本当に必要か考えることが自然と習慣になります。買ったものを把握することも簡単になり、溜《た》め込まなくなって使うことが上手になります。結果お金のムダ遣いがどんどん減ります。

④引っ越しがラク

小さな家には多くのものが入りませんから、引っ越しのパッキングもラクで費用を節約できます。

⑤固定資産税が安い

土地が狭いので固定資産税も安い。再建築不可物件なので、うちの場合はさらに安く、年間4万円いかないくらいです。

⑥解体費用が安い

家を解体する場合も解体などの工事費用が安く済みます。

小さな家は、はじまりもランニングもおしまいも、コストのハードルが下がるので、人生の変化に対応しやすくなります。

家の相続は面倒だ

「両親の家を相続したとき、大変だった」という話をよく聞きます。大変になる原因のひとつは兄弟間などの人間関係です。「思い出の家だからそのままにしておきたい」という人と「一刻も早く売却してそのお金を分けよう」という人がいるとなかなか折り合うのが難しいようです。

古い家が不便な場所にあると、売るに売れないという問題もあります。管理するのに年間数十万円かかることもあり、自治体に寄附しようと申し出ても断られてしまうこともあるそうです。

更地にすると管理費がゼロになりますが、今度は固定資産税が高くなってしまいます。結局、仕方なくボロ屋を放置せざるを得ないというケースも多いようです。

2024年4月から、亡くなった人が所有していた不動産の名義を相続人の名義に変更する相続登記が義務化されています。

持ち家なら相続税についても一応頭に入れておいたほうがいいでしょう。

相続税は、不動産なども含めた相続する財産の合計額に対して基礎控除（3000万円＋600万円×法定相続人の数）を引いた額にかかってきます。その結果、相続税はさほどかからない…というパターンが多いと思いますが、広大な家の場合は相続税が発生することも考えておいたほうがよさそうです。

実家をどうするか、自宅をどうするか。

早めに親や子どもと話し合っておくといいと思います。

第4章

家運営とメンテナンス

何を買った？
どんなふうに心地よく整えた？
家族で使うときのルールは？
意外なメンテナンスのポイントは？
ミニマル暮らしのエピソードも
お伝えします。

初めて家に買ったのは「電気ポット」

ここからは、家の設え、暮らしの工夫などについての章です。真っ白に統一された家はいつの間にか家族の間で「白い家」と呼ばれるようになっていました。

白い家は、買ってから1年半は私と子どもが気ままに使い、その後元夫がここで一人暮らしをするようになりました。この章では、最初の1年半、この家をどのように使っていたかを中心に紹介します。

白い家のために買ったものはそんなにたくさんありません。一番はじめに買ったのは、Amazonで見つけたシンプルな電気ポットです。

家具も何もない部屋で初めてお湯を沸かしてみました。電気ポットにお湯がぶくぶく沸く音が聴こえてきて、洗ったマグカップにコンビニで買ってきたティーバッグを入れて、熱々のお湯をコポコポ注ぐ。はじめてのお茶でそんな時間をゆっくりと楽しみました。何もない空間に自分の居場所ができたような気がしました。

ホテルに泊まるときも電気ポットでお湯を沸かしてみると「私の空間」という感じがするから不思議です。お茶タイムは世界中で愛されていますが、香りを楽しみ、美味しさを味わう中で、ふと自分に戻れたり、気持ちを整えたりすることができるのかなと思います。

今住んでいるマンションも、ものは少ないとはいえ、ちょっと凝っているキッチンスツールや便利なものとか、食材、家電などで、知らず知らずのうちに埋もれて複雑になってきています。

マグカップにティーバッグを入れて、香りや変わっていくお湯の色を楽しんで、熱いからふうふうふうすると顔にかかる湯気がいい気持ち。

そうそう、ティータイムってこのくらい気楽なほうが、心がリラックスできているのかもなんてあらためて感じることができました。

こたつ布団をやめました

住んでいるマンションには置かないけれど、白い家にしかないものがふたつありま
す。

ひとつは「こたつ」です。

こたつは、ぬくぬくして思う存分怠けられる、快楽ともいえる時間を提供してくれる稀有《けう》な家具です。

本当はマンションにもこたつを導入したかったのですが、その気持ちよさゆえ元夫が「絶対寝るからダメ！」と頑として聞き入れず、泣く泣く諦めていました。

だから白い家には絶対にこたつを入れると決めていました。

白一色の部屋に似合うこたつをネットでいろいろ検索し、アイボリーのこたつを見

つけました。天板のサイズも90センチ×120センチと、少し大きく、詰めれば6人くらい座れそうです。

こたつが届いて部屋に置いてみると、かわいくて部屋にぴったりです。

問題はこたつ布団でした。

こたつに合わせて布団を白っぽいものにすると、絶対に何かをこぼしそうで、そのたびに洗うという家事地獄な未来が待っています。

家事労働を何よりも避けたい私にとって、こたつ布団はあまりにリスキーです。


こたつを買ったのは間違いだったのかもしれない…。

途方に暮れていましたが、とりあえず布団なしでこたつのスイッチを入れてみると、足元がじんわりとあたたかくて幸せな気持ちです。

それ以来、こたつ布団はなしで、足元ヒーター的にこたつを使っていました。

やってみると、こたつのデメリットが激減しメリットばかりでした。

心地よくあたたかいのに、寝てしまったり、離れられないということがありません。

紅茶をこぼしたときも、こたつと床を拭くだけで20秒くらいで回復できました。夏はコードをまとめるだけでＯＫです。

床すわりは意外に疲れるので、こたつ自体をローテーブルに見立てて、それにあうローソファも置くことにしました。ソファはつなげると簡易ベッドにもなります。好きなところに、好きな姿勢で猫みたいに気ままに過ごす。床に近い暮らしは自由度が高いです。

白い家に置いたものの、もうひとつは「台湾茶と中国茶の茶器」です。私は台湾や中国のお茶も好きで茶器をいくつか持っています。急須や湯呑みは薄くデリケートな焼き物で、小さな飾りパーツがついています。

家族と住むマンションには猫たちがいるので、猫が茶器を倒したら危ないとしまい込まれてしまいそうです。

白い家なら安心して茶器をのんびり楽しめます。

一人でＹｏｕＴｕｂｅを見ながらお茶の入れ方を研究したり、お茶好きの友人を呼んで飲み比べてみたり、この家でしかできない時間を楽しみました。

ものを持たない身軽な暮らしには、「こたつ」も「お気に入りの茶器」も必要不可欠なものではありません。けれど、時間と空間を贅沢に楽しむために欠かせない存在として、白い家の楽しみの中心になりました。

ベッドはマットだけ

寝具は、セミダブルのベッドマットを通販で購入して床にそのまま置いています。これは子どもの部屋でもやっていてとてもよかったので、白い家でも採用しました。大きなベッドを置くと、下にホコリが溜まったり、ベッドの下に転がりこんだものがそのまま放置されたりと、管理が行き届かなくなりがちです。

ベッドのフレームがないとマットレスは立てたり移動させたり、結構簡単に一人でできます。

使わないときには壁に立てて湿気を飛ばしたり、窓側に持っていって太陽の光にあてることもできます。床の掃除もラクラクです。

何よりも、好きなところに移動して、気分にあわせて好きなところで寝られるのが楽しいです。

テレビはステレオ兼スクリーン

テレビは36インチと大型のものを置いています。

テレビ単体としてではなく、音楽プレーヤーやスクリーンとして使うつもりで、インターネットや各種動画配信サービスにつながるものを、リサイクルショップで1万6800円で購入しました。YouTubeをBGMがわりに流したり、映画やドラマを大画面で見たりして楽しんでいます。

極力部屋にものを置きたくないので、ひとつで何役も兼ねてくれるのはありがたいです。

ものがたくさんあると物理的にも精神的にも負担が増えます。持ち物を減らすことは、負担を減らして自由が増えるということだと思います。

食器選びで、「私は過干渉な母である」と実感し、後悔した話

当時、白い家にあった食器は、中国茶セット以外には、丸いデザート皿2枚、大皿1枚、マグカップ4個、コップ3個。あとはカトラリー類のみです。

食器は白い家のために、子どもに選んでもらいました。

…と言いたいところですが、食器選びを通して私は自分がいかに「過干渉な母親か」を思い知ることになりました。

白い家にひとつひとつ選んだものを入れる作業はとても楽しくて、次は子どもと食器を選ぼうと胸が高鳴っていました。子どもがウェブで検索しはじめたのですが、気付けば私は「これもよさそう」「これはシンプルで実用的なデザインだね」など止まらなくなってしまいました。

子どもは黄色の食器に心惹かれていたようなのに、最終的には私が勧めた青い食器を選んでいました。

子どもとカフェに出かけたとき、子どもが「これが欲しい」といったカップを購入しました。それは本当に子どもが好きそうな感じで、かつ私とは趣味が違います。小さな家で唯一それが子どもの趣味のものかもしれません。結局そのカップを子どもは使っていました。

この一連の食器選びは、自分自身と子どもの関係についても考えるきっかけになりました。気を付けようと思いつつダダ漏れしてしまう母親の過干渉パワーには凄まじいものがあり、それを全部覆していくくらいのパワーが、子どもの自立には必要なんだとあらためて思いました。

子どもの成長につれ、家族関係も少しずつ変化し、この数年で自分自身も子どもから学び、成長したという実感もあります。子どもは成人まであと少しです。私も今、いろいろな考え方を知りながら成長していく時期なんだと思いながら暮らしています。

家を家族で共有して使う6つのルール

元夫が暮らす前は、白い家は私が一人で過ごしたり、子どもが友達と遊んだり、様々に使われていました。家族で気持ちよく使うために、簡単なルールがありました。

きっかけはいくつかのトラブルです。たとえば、子どもがお風呂場で友達と髪の毛のカラーリングをしたあと、片付けずに放置してお風呂場を真っ黒にしてしまったこと。夜遅くに騒いで、お隣から注意されたこともありました（子どもは翌日ご近所さんに謝って回ったそうです）。

子どもは一人暮らしの練習、親は子離れの練習だと、頭ではわかっていても、そのたびに私はイライラし、心配し、子どもと衝突を繰り返してきました。怒りのあまり、子どもから家の鍵を取り上げたこともあります。

しかしそれでは何も解決しないので子どもと話し合い、白い家を使うときのルールを取り決めました。

①それぞれがいつ家を使うのか、LINEでやりとりして把握する。
②相手が使う前日には部屋を完璧に片付ける。
③泊まらないときは0時までに帰宅する。
④ゴミは使った人が持ち帰る。
⑤騒音、火の取り扱いに注意し、近隣の迷惑にならない。
⑥ご近所に挨拶をする。

この6つのルールを決めてからは、だいぶスムーズに家を共有できるようになりました。

子どもは自分のお小遣いでクリーナーなどの掃除道具を買い、YouTubeで掃除の仕方を研究して、驚くほどピカピカの状態で部屋を明け渡してくれるようになりました。

一度、約束の明け渡しの日の前に、いきなり白い家に行ったことがあります。ファストフードの食べ残しが床に散乱したカオスな様相に、思わず子どもを叱りました。するとー「明け渡す前に必ずきれいにする。突然来て、約束を守っていないのはママだ」と言われました。確かにそうだなと思いました。

BGMと映像で、空間がおもてなしに変わる

何もない家ですので、誰かを招くときは白い家をどんなお楽しみプレイスにしようかなと考えます。

たとえば、お世話になっている編集者さんが小さなお子さんを連れて遊びに来てくれたときは、「ここを児童館にしてみよう！」と思いました。

児童館には、風船や風車が飾ってあったり、ちょっと体を動かせるスペースもあります。子どもが読める本もたくさんあります。

そこで図書館で児童書を何冊か借りてベッドに置き、100均で風船や風車を買って部屋に置きました。当日はさすが子どもで、何もないといっても子どもの目はいろんな楽しみを見つけることが上手です。風車を持ってトコトコ歩いてベッドに置いてある絵本をちらちら見ていたり、アニメを見ながらうとうとしてる姿に「あっ安心し

てきた、眠っても大丈夫って思えてきたのかな」なんて嬉しくなりました。はじめてのちっちゃなお客さんに私も緊張して、ちっちゃな子も緊張して、バイバイするころははじめよりも距離が近づく。そんな時間を楽しむことができました。

特別なものがたくさんないほうが距離は近づくし、何もない空間は自分も相手も自由に想像することが上手になる気がします。

女友達が遊びに来るときはカフェをイメージして中国茶を振る舞い、一緒に勉強している仲間が遊びに来るときは、図書館や学校をイメージして静かで集中できる環境をつくりました。

お客様のおもてなしに欠かせないのがＢＧＭです。

ＢＧＭひとつで、空間の雰囲気がガラッと変わります。

特に何かを用意する必要はなく、ＹｏｕＴｕｂｅで「ヒーリングミュージック」などと検索すると、いろんな環境音楽が見つかります。海外旅行の映像を流しても楽しいです。相手と一対一で沈黙がちょっと気恥ずかしい場合にもおすすめです。のほほんと過ごしてほしいときにはハワイアン、久しぶりに会う人と話し込みたいときには会話の邪魔にならないカフェ用のミュージックなど検索して、シチュエーションにあわせて選ぶのも楽しい作業です。

私はよその家に遊びに行くとき、用意されすぎると申し訳ないと恐縮してしまうので、ちょっと物足りないくらいがいいです。

お客さんもそのほうが気軽に過ごしてもらえるのではないかと思います。

来てくれた人が自分らしく居心地よく過ごしてくれると、私もリラックスできます。

2週間に1度の家メンテナンス

家を買って実感したことは、メンテナンスの大切さです。

ある初夏の日のこと。白い家に遊びに行った子どもから、LINEがたくさん入ってきました。「コバエが家にいっぱいいる！　どうしたらいい⁉」と慌てている様子です。

ごみは毎回必ずきちんと処理しているし、置きっぱなしの食べものもない。一体どこから発生しているのか、子どもたちに調べてもらうと、洗濯機の排水口に溜まっている水が発生源でした。

排水口は、水を溜めることによって、臭いなどが上がってくることを防いでいるそうです。毎日使っていれば水はよどまないけれど、白い家には洗濯機を置いていなかったので、家が完成してから排水口には一度も水を流していませんでした。

そのときはハイターを薄めたものを排水口に流すように指令を送り、無事に切り抜けました。

それからは、少なくとも2週間に1回程度は窓を開けて空気を入れ替え、お風呂や洗面台、トイレとキッチンにしっかり水を流し、洗濯機の排水口に薄めたハイターを流す、などのメンテナンスをするようにしました。とはいってもわざわざメンテナンスのために行くことはほとんどなく、誰かが使ったタイミングで行うので、負担もほとんどありませんでした。

別荘も、管理人を雇って定期的にメンテナンスをしてもらうと聞きます。家はやっぱり使うことが最大のメンテナンスにもなると身をもって知りました。

遠くてほとんど使わない、メンテナンスが億劫になる…せっかく家を買ったのにそうなってしまったら、本末転倒です。ものも家も、使ってこその価値です。

そういう意味でも、気軽に通えてメンテナンスもしやすい距離で、本当によかったなと思います。電車に乗らなければいけない距離だったら、きっと億劫になっていたでしょう。

閉め切った部屋の臭いに効く「茶香」

何日も家を使わない日が続くと、どうしても部屋の空気はこもります。

窓を開けて空気を入れ替え、玄関を出入りして風を通すことは家にはとても大切なことなのだとわかります。


部屋のこもった臭いをさっぱりさせるのに抜群に効いたのは「茶香」でした。

いただきもので飲みきれなかった緑茶の使い道をネット検索してみたら「茶香」というものがあることを知りました。

早速ネットで茶香器を買いました。3000円くらいです。アロマポットのような道具の上に賞味期限の切れた緑茶を置いてロウソクに火をつけてみました。

さっぱりした緑茶のほのかな香りがただよい、部屋がとてもスッキリした感じです。

強い香りはしないので安らぎます。香ばしさも感じられて茶香の魅力にハマりました。

雨の日に焚《た》いてみると、清々《すがすが》しく五感が整います。

朝に焚けば爽やかな気分になり、夕暮れや夜にもいいのでおすすめです。

カンタンにできる臭い対策を、あとふたつご紹介します。

ドリップコーヒーの出がらしをコップに入れて1日置いておくと、消臭効果があり、コーヒーのほのかな匂いが残っていい感じです。

また、溜まりがちな保冷剤は、常温に戻して中身を出し、瓶に入れると消臭剤になります。ジェルの正体は「吸水ポリマー」で、水だけでなく臭いも吸収する作用があるのです。

人によってはポリマーにアロマオイルを垂らしてもいいそうですが、私はそのまま玄関やトイレのすみっこに置いています。

初めての「小さな庭」

実家の庭は、かつては母のテリトリーでした。母亡き今は父のテリトリーです。自分で好きなようにできる庭は私にはありませんでした。

東京で初めて「都民農園」を借りたときに、ダイナミックに土を耕し、種をまいて、野菜が育ち、虫に喰われる。土と環境と植物と試行錯誤する面白さを体感しました。いつか自分の庭が持てたらと夢見ていました。

20代で購入した中古マンションにはベランダにわさわさする植栽がありました。ベランダには耕せるところはないけどすごく嬉しかったです。

そして白い家で、小さな庭を初めて持ちました。

その庭はボーボーに荒れ、庭木を切り倒した丸太が転がっていました。

リノベーションの際、庭を潰してウッドデッキにするプランも提案されました。でも私はこの小さな庭が欲しくてたまらず、なんとかなる、なんとかする！と思って毎日のように庭に通いました。
「ガーデニング」というとちょっと優雅なイメージでしたが、やってみたら過酷でした。夏の日中に庭仕事をすると熱中症になりそう。夕暮れに始めると、蚊の大群に攻撃されます。
それでもゴミを捨てて耕して、汗をびっしょりかきながら、少しずつ荒れ放題の庭は片付いていきました。

マンションのベランダで数年間育てていた小さなオリーブの鉢植えを、庭に植えかえてみました。そうしたら葉が増えてぐんぐん枝が伸びて育っています。鉢にぎゅーっと閉じ込められていたのが、地植えされてのびのび喜んでいるような気がしました。白い家のシンボルツリーとして、マンションと白い家をつなげてくれている存在です。

何かを植えられる庭があることが嬉しくて買ってきたのはヤマアジサイです。

お隣さんに小さなラベンダーをもらって植えたら、夏にぐんぐん育って「庭って生きてるんだ」と思いました。

うまく根付いてくれるものばかりではありません。

経験値が少ないせいか、いろいろ植えてはみるのですが自分が設計したようにはならないんです。人がやれるのは限られたことだけで、あとは植えた植物の中であの庭に合ったものが、残っていくのでしょう。

そういう意味でも庭はやっぱり生き物。住人と一緒に育つような感じです。思い通りにいかないところもまた魅力です。

庭は整えたら終わりではなく、ずっとメンテナンスが必要です。私は野趣あふれる庭が好きなので、きっちり手入れしすぎず程よく放っておいていますが、夏の草の勢いはすごいです。先日元夫の元を訪ねた子どもが、「庭がすごいことになってるよ」と教えてくれました。半年も放っておいたらボーボーの荒れ野に逆戻りです。

庭の四季

ガーデニングというほどの手入れをしているわけではない小さな庭にも、四季が訪れます。

初春には青いムスカリと黄色いスイセン。ともに宿根草で毎年植え替えなくても花を咲かせます。スイセンは私が植えた覚えがないので、以前住んでいた人が育てていたのだと思います。

初夏は紫のラベンダーが生い茂ります。ラベンダーは涼しいところの植物というイメージですが、東京の酷暑を乗り越えました。

夏は雑草と蚊が大量に発生します。その中で赤い花を咲かせるブラシの木。すくすく育ったオリーブの木にも白いかわいい花が咲きます。

夏から秋になるとお隣の庭に萩の花が咲き、それを借景にさせてもらっています。

ピンク色の花が風に揺れている眺めは、とても心が安らぎます。

毎年秋の終わりに切られては、翌年また枝を伸ばし、花を咲かせる萩。

その種は私の庭にもたくさんこぼれて芽を出し、花を咲かせるようになりました。

私が植えた覚えがないものがいつの間にか発生しているのも、この庭の面白いところです。秋に赤い彼岸花が一輪だけ花を咲かせたこともありました。ちょうど久しぶりに会う人がやってくる日でした。


冬は何もなく、空っぽの庭になります。

春には蝶々が飛んでいて、夏には蚊の大群が襲ってくる。

四季の移ろいを感じ、野生ってすごいなと思っています。

一人の時間を持って冷静になる

白い家のことを親しい人に話すと「一人になれる場所があっていいいな」という感想をもらうことが多かったです。

「一人になれて安心できる空間」は孤独ではなく贅沢な空間です。ケンカしたとき、自分ではコントロールできない感情の波を自覚して落ち着ける。ちょっと家族と距離をおける。一人の空間は、気持ちを切り替えるのに手っ取り早く効くのです。一人で静かに考えるってなんて素敵なことだろう！と思います。自宅から遠すぎない白い家は、家出するのに最適な場所になりました。

家出に限らず、なんとなく一人になりたいときは、白い家に行き、一人の時間を過ごし、ときに泊まって、充電できたらまたマンションに帰ります。

高校生の子どもも、白い家に時々泊まっていました。

夏休みは3日連泊して「疲れた」と言って帰ってきました。毎日友達と全力で楽しんだのだと思います。そして3日目に限界に達したようです。そういう体験はやってみないとわからないので、いろいろしてみるといいと思います。自分なりに調整したり、配分を考えて経験を重ねていくと上手になっていくと思うのです。

大切な近所付き合い

戸建ては近所との距離感が、マンションとはまた違います。

子どもが友達と使っているときなど、親の目が届かないので、ご近所トラブルなどが、心配ではないですか?と聞かれることもありました。

リノベーション工事をしているときからお隣やご近所に「何か問題があったらいつでも言ってください」とお願いしました。

子どもたちが騒いでいたときには注意していただいたこともあります。

そのときは恐縮するしかなく、本当に家を使わせるのはやめようとも思いましたが、子どもはその後、近所のお宅を一軒一軒回ってお詫びをしたそうです。

失敗して関係を修復することは暮らす上では避けられないことです。何事もなくいられればいいけど、そうもいかないのがリアルな暮らし。子どもにとっての「生活学習」だと考えてアドバイスしながらやっていました。

今では元夫や子どもも、顔をあわせるたびにご挨拶して、世間話なんかをしているようです。

老後も安心でいたいから ミニマル暮らしが理想

40代に入ってから体の不調を感じだしました。
身近な人からも、高齢になって階段の上り下りが大変になった、身内が亡くなって一人暮らしになったと聞くことが増えてきました。

白い家の前の持ち主は、90代の女性で一人暮らしをしていたそうです。高齢の一人暮らしは、私が想像するよりもずっと大変だったと思います。
それでも子どもの同居の提案を断り、いろいろな福祉サービスを使いながら、自分の家で暮らすことを切実に願うものなんだろうなとも想像します。

「できれば自分のことは自分でしたい」と誰もが願うでしょう。

私の母は「介護」という介護はないまま、68歳で病院で亡くなりました。母が実家の2階に最後に上がったのはいつだったのでしょう。急でちょっと狭い実家の階段を、今は一人暮らしの父が上り下りしています。

一人暮らしを考えるなら、小さな暮らしで買い物や身の回りのことが簡単にできるほうが安心です。

できないことが増える年齢に差しかかったとき、たくさんのものや収納の複雑さは、本人だけでなく手伝ってくれる人のエネルギーも疲弊させます。

コンパクトで、間取りがシンプルな家は、清潔さを保つのがカンタンです。まわりの人間も手伝いやすいし、本人もまわりを頼りやすい安心な空間です。

だから、私は多分この先も、ものの少ないシンプルな暮らしを続けていくと思います。

元夫が白い家に住むようになるまで

白い家に寄り付きもしなかったのは、猫と元夫です。

けれどどういう風の吹き回しか、ある日元夫がリノベーションした平屋に行って過ごしたら、その何もない空間がよかったのか、「一人仕様」の空間がよかったのか、今の生活の疲弊感から逃れたかったのか、「しばらく白い家で暮らしたい」と言い出したのです。えっ⁉と私は頭が真っ白になるほど衝撃を受けました。

彼はさっそく服や靴などのいろんなものを白い家に運び、**事実上の「別居ライフ」がスタートしました。**

今まで白い家に興味なさそうで、子どもが使っていることに満足してない様子もあったので、彼の急展開に心がついていけませんでした。

その一方、「そうでしょ、この家ほんといいでしょ、住みたくなっちゃうでしょ」

という得意な気持ちもあったりして、心の中が混乱の嵐でした。

別居を申し入れられ、人生プランは破綻してしまって、自分の一生懸命やってきた数ヶ月のプロジェクトを全否定されたような気持ちにもなりました。夜、マンションで一人泣きました。

ところがいざ「別居ライフ」を始めてみると解放的でハマってしまったのです。

私はマンションのソファを捨てテレビを捨て、大型本棚を解体し、部屋のあらゆるものを捨てまくりました。床が広くなり壁が広くなり、ついに私はリビングの真ん中にベッドを置いて家の中の一番いい場所で眠ることにしたのです。

ずっとこんな暮らしをしてみたかったのかもしれないなと思いました。テレビもない部屋は静かで時間がいっぱいあり、今までと同じ場所なのにまるで違う暮らしがありました。小さなラジオを買い、朝目を覚ますとラジオをつけて英会話の勉強をしたり、音楽を聴いたり。私ははじめの寂しい気持ちを忘れて、今度はこの気ままな暮らしを失うのが怖いような気がしていました。

白い家に行ってみると、彼が好きなメーカーの大きなスピーカーが設置されていたり、ドラム式の洗濯機が置かれていたりと、彼は彼で家族のいない暮らしを楽しんでいるようでした。

そんな「別居ライフ」の最中、夫と久しぶりに外で会ってみると夫はとても優しくて、別居してできた距離が、それぞれが自分について見つめ直すいい機会となっていると感じられました。

そして私は思いました。結婚してから20年、大学生から一緒にいた時間も考えると24年くらいでしょうか、今まで私は夫をどれくらい理解せずに傷つけてきたんだろう。同時にこうも思いました。私は今までどれくらい夫に理解されず傷つけられてきたんだろう。

一緒に暮らすって、フワフワした楽しいことばかりではありません。

自分を抑えて乗り越えなければいけないこと、解決しないといけないこと、伝えても伝わらないこと、伝えられてもどうしても譲れなかったこと、伝えられてもどうしようもできないこと、一緒にいたからできたこと、一緒にいたから感じた幸せ…。いろんなことがいっぱいありました。

そんなことの積み重ねが、子どもが自立してきて余裕が出てきた今、いろいろな状況の変化に伴い、大きくなってぶわーっとあふれてくるタイミングだったようです。

突然「別居ライフ」に占拠された白い家は、私たちの感情に翻弄される小舟のようでありながら、それぞれに考える時間とスペースを確保してくれるありがたい存在でした。

20年連れ添った元夫は、私にとって今も特別な存在です。

二人でやりたかったことや、やるべきだったことは、やり切りました。

彼の人生はまだまだ続くと思ったとき、別居という形で私との結婚を続けるよりも、離婚したほうが彼の未来に選択肢が増えるのではないか。

そして私の未来にとっても。

その結果、これからは別々の道を行くことにしました。

第5章

家のこれから、人生のこれから

家はつくったときが完成じゃない。
家族とともに、変わり、
成長していくもの。
家をつくりながら、住まいながら、
これからの人生を考えてみる。
家は人生そのものです。

子どもが大人になったら　この家を渡すプラン

離婚する際、元夫には２０３０年まで白い家に住んでもいい、その一方で子どもが大学を卒業するまでの生活費を入れてもらうということで合意しました。

今のところ、白い家には彼が住んでいます。

子どもはもうすぐ18歳の成人になります。子どもが社会人になって一人暮らしするときに、この白い家を渡すつもりでしたが、それはもう少し先になるかもしれません。どちらにしても、子どもはそろそろ一人暮らしをしたいようなので、マンションの子ども部屋の役割もあと少しです。そのときが来たら、倉庫みたいに荷物が置かれたり、使われないで放置部屋にならないように、子ども部屋はまた違う何かの部屋に使っていく予定です。

東京で一人暮らしの物件を探してみたら8万円くらいはかかりそうです。一年で96万円としたら10年で1000万円くらいです。そして費やした賃料は高いけど資産としては何も残らないことを考えると「白い家」という選択肢があることはよかったなと思えます。

とはいえ一人暮らし用の家を用意してあげることは過保護、過干渉なのかなと悩むこともあります。今のところ子どもは「親と離れて一人暮らしをしたいけど、困ったときにそんなに遠くないのは安心できていい」と考えているようなので、とりあえずはこのプランを進めています。

子どもに家を渡す際は、生前贈与にすると贈与税がかかってしまうので、子どもに売却することを考えています。

学資保険と子ども名義の貯金を合わせると、1000万円ほどのまとまったお金になるので、それを家の売却費として使う予定です。親子間での売買とはいえ、間に不動産業者を入れて正式な手続きを行い、書類もつくります。すると後々税務署関係などの複雑な手続きも回避できます。

再建築不可物件なので固定資産税も4万円しないくらいですから、子どもが社会人になって自立したら、自分で払うことも大きな負担にはならないでしょう。

もし子どもが東京を離れて別の場所で暮らすことになったら、この家を賃貸に出し、その賃貸料を子どものひとり暮らしの家賃に充てることもできます。

未来はわからないけれど、白い家のおかげでこんなことをしてみようという可能性が広がりました。

家も私たちも変化していく存在

ライフスタイルは時代によってどんどん変わります。家族の年齢や生活や価値観の変化によっても変わっていきます。

家を持ったときにまだ子どもが小さければ、必ずどこかで家族に変化が訪れます。だから家は「未完成」のままスタートして「完成」しなくていいと思います。きっちり完成している空間は思いもかけない大きな変化についていけなくなったり、対応できなくなったりして、未来が窮屈になることがあります。

私の実家の子ども部屋は、もう誰も使っていません。

雨が続いた梅雨の日に洗濯物が干してある、手持ち無沙汰のぼんやりとした空間になりました。

あるとき、自分が置きっぱなしにしていたものを全部処分しました。そうしたら子ども部屋は子ども部屋ではなくなって、新しい空間になったように感じられました。今では父親はそこで昼寝なんかもするらしいです。ガラクタが置かれ放置されていた「子ども部屋」が、「父のお昼寝部屋」というちょっと贅沢な空間として使われていることはとても嬉しいです。

「子どもの出て行った子ども部屋」は、どんどん物が積み上げられて完全に倉庫になったとか、開かずの間になったとか、アトリエになったとか、趣味の空間として重宝されているとか、いろんな運命をたどっているなと思います。


いつも想定外の何かが暮らしにはつきものです。家も自分たちも未完成のまま、変化に対応しながら一緒に育って、変化し続けていくのが自然な姿なのでしょう。今私は、自分たちのことを観察しながら、そう思っています。

元夫と心の中で一緒に泣いた夜

現在高校生の子どもは、明らかに両親をちょっと、いや、かなりうるさいなあと思って暮らしています。

私も高校時代は早く親元から離れたかったので、その気持ちがわかります。

親との時間より友達との時間が大切で、干渉されないで自分で決めて行動する自由を求めている。それをひしひしと感じ、私たち家族のステージが変わったと悟りました。

子どもに今までかけてきた思いや時間を、もう子ども自身が必要としなくなってきています。

自立は嬉しいことですが、自分に急に降りかかってみると、突然自分が透明人間になって必要とされなくなった感じがして、悲しみやショックという言葉だけでは言い表せないような、ドカーンとした大きな衝撃がありました。

あるとき私は子どもに「あなたにとって、ママの存在って一体何なの？」と尋ねてみました。

すると返ってきた答えは「肉」でした。頭の中はハテナでいっぱいです。聞くと「お腹いっぱいのときに出される美味しい肉」ということでした。「全然嫌いとかじゃない。好きだけどお腹いっぱいで胸焼けしちゃう」らしいです。子どもの「好きだけど」という言葉に安堵したのと、確かに一人っ子だし、パパからもママからもあれこれアドバイスされて手伝われて胸焼けしちゃうよね、と共感しました。子どもが自分で考えて行動していくことを尊重し、見守っていくことがこんなにも大変なことだと、はじめてわかりました。

元夫もまた、当時子どもが離れていく苦しさを抱えていたようです。

彼は子どもが出かけるときは「どこに行くの？」「誰と？」「何時に帰るの？」「親からの電話には必ず出なさい」とうるさく言って、嫌がられていました。

ある夜、彼が子ども部屋からがっくり肩を落として出てきたことがありました。門限のことで話し合ったようです。

親の要求に応じることはできないと、子どもからはっきり宣言され、ショックを受けていました。考えてみれば、父親が強く言えば子どもが応じるような関係でなくて、自分の考えは父親と真逆だと伝えられるのは、健全でいいことだとわかるのですが、いざそういう状況になると全否定されたように感じてしまうのでしょう。

彼はソファに座り「恋愛でも感じたことのない苦しい気持ちを感じている」と話していました。私も彼の隣に座り、一緒に心の中で泣きました。

こういうことを繰り返しながら、親と子どもは自分にとって快適な距離感を模索していくのだと思います。ぶつかり合い、「向き合って話し合う時間」はしんどいけれどすごく大切なのだと思います。

それから1年経ち、今考えるとどうしてそこまで思い悩んでいたんだろうというくらいに親の気持ちも変化してきています。子どもが自立してきたら親との関係性が変わっていくのは当然だと、納得できてきたのだと思います。

ずっと前に、誰かから「人が何かから立ち直るときは、悩んだ時間と同じくらいの時間がかかる」と聞いたことがあります。それを聞いたとき、私の中で妙に納得感がありました。

子どもが中学生になるくらいまで、つまり13年間くらいは、家族でくっついて暮らしてきました。

ここから子どもが自立していくと考えると、あと13年間くらい、親子の距離感をやりくりすることになりそうです。

「いつでも夫婦一緒」が幸せとは限らない

最近、定年した夫婦が離れて暮らす例をよく耳にするようになりました。

夫のほうが田舎に家を持ち、平日はそこで趣味を追求する暮らしをし、妻は都会で友達とお出かけしたりして気ままに暮らすなど、夫婦の関係は様々なようです。夫の家と妻の家をそれぞれ所有して、週末だけどちらかの家で一緒に過ごす人もいて、それもありだな、と思います。20代の夫婦でお互いのキャリアを尊重したいから別居婚を続けている人もいます。

配偶者の海外赴任が決まっても、一緒には行かないことを選択する人も増えているし、妻よりも夫の仕事を優先する考えも減り、お互いを一人の人間として尊重する姿勢が大切になっています。

いつでも一緒を好む人もいれば、どちらかの家に行き来するくらいの距離感を好む人もいる。もし選択できるとしたら、「お互いの家を持つ暮らし」を選ぶ人は多いのではないでしょうか。

自分の本音を認められると、他の価値観も認められるようになります。

ずっと前の私は、自分と合わない価値観の人と一緒になったら、自分の考えを押し殺して我慢することが大切だと自分に言い聞かせていました。そして結局うまくいかなくてイライラしていました。

自分と誰かの考え方が違うときには話し合って模索する。その過程が大切なんだとわかりました。そして離れていくことも一緒にいることも、どちらも自由で素敵なことだと思えるようになりました。「家族はいつも一緒にいるべき」という呪いが私はずっと怖かったのですが、今は結構軽く考えていて、こんなに人生長いんだから、家族関係は今までのものとは変わっていくだろう、もっともっとドラマティックに、新しいカタチに変化していくことだろうとワクワクしてます。

42歳、体の変わり目

家が欲しい！と模索しはじめたころ、私は自分の体調の変化にも直面していました。42歳になって私がとんでもなくコントロールできなくなったのは「自分の感情」と得体の知れない「ダルさ」です。

抑えきれないイライラと、その後にくるドーンとした気分の落ち込みは、回復に2日くらいかかり、このままでは仕事も、家族も、対人関係も、ブログもうまくいかないループにハマりそう。落ち込んでいるときは世界中にいいことなんてひとつもないという極端な考えに囚《とら》われ、こんな状態の人が家にいたら家族も心が休まらないだろうと、ますます不安になっていました。

これは更年期に違いないと、婦人科に相談に行きました。診察と血液検査やレントゲン、乳がん検診、子宮がん検診といろいろセットで検査してもらったところ、「更年期」ではなく「PMS」という診断でした。

ホルモン剤を処方してもらったところ、これが私にはテキメンに効いて日常が安定しました。今は2〜3週間ごとに薬を処方してもらっています。

それ以来、カフェインを控え、たんぱく質多めの食事を心がけ、サプリメントも摂《と》るようになりました。

不足しがちなビタミンCと鉄、口内炎ができたときにはビタミンB群。

「ヤクルト1000」を寝る前に飲むとスッキリ目覚められます。

メンタルが落ち込んでいるときに、自分の努力不足だとかもっと頑張らなくちゃと自分に厳しくしても、長引くだけです。

「何か問題があったら、頑張りすぎずに専門家をサクッと頼ると解決が早い」とわかったのはいい経験でした。

家族のキャラと役割を手放す

子どもが「親と仲よしな子どもキャラ」をさっさと卒業した今、私も母親や妻というキャラクターを手放し、自分がやりたいことをやっていく段階に入ったようです。

やりたいことをやるには、時間も体力も必要です。好きじゃないこと、心が弾まないことに我慢し続けているうちに時間が過ぎてしまうのは、大きな損失です。

元夫にも、失敗するかもしれないけれど、どんどんやってみたほうがいい、自分の時間を大切に使って「好きなことやって充実していてほしい」という気持ちでいます。

「もっと自分に向き合って心と体をいっぱい使っていこう、自分がやりたいことに向かって行動しよう」と自分自身にも思うようになってきました。

古い家のリノベーションも、そんな私の考えの変化から行動できたことなのだと思います。

叔父の家の片付け。広いスペースは人生のリスク

最近私の叔父が施設に入ることになりました。

2階建て、150平米はありそうな叔父の家には、ものがたくさんあります。ひとつひとつに思い出が積み重なり、捨てられずにいたのでしょう。

叔父夫婦には子どもがいないので、結局親戚が叔父の家の片付けをすることになりました。

何日もかかり今も継続中で、一定のところからは放置されています。本人でないと難しいところはもう手がつけられないと、そのままになっています。お金もかかる上に人手もいる作業で、持ち主である叔父も何が処分されるのか把握しきれない状態は不安で辛いものでしょう。それでも放置すると家の劣化が早まったりすることもあり、

切実に片付けなければならない状態でした。

本人も、手伝うほうも、しんどい片付けです。

今はものを捨てるのにもお金がかかりますから、経済的にも痛手です。

家が広いだけ、ものが多い分だけ、管理する「もの」や「こと」が増えて家事が増える。そして、家じまいも大変になります。

大量のものを溜め込みがちな広いスペースは、リスクだな、とあらためて思い、昔の私を思い出しました。

私も最初は捨てることに迷ったり罪悪感を抱いたりしながら、繰り返し自問自答して、手放していきました。ゴミ袋に入れて捨てていく作業の中で、自分自身の本音や、願い、悲しさや焦り、爽快感、スッキリ感、達成感、そしてささやかな幸せなど、様々な感情と向き合えました。

本当に文字通りなんでもかんでも捨てまくってみたら、私の暮らしのリアルはそんなに悪くない気がしました。

「ものが少ない」だけで風通しはよくなり、気分が軽くなり、家事と家計がラクになります。

ものの少ない暮らしをしたい

叔父の作業のことを聞いていて、私がミニマルに暮らしはじめたころを思い出しました。

たくさんものがあるけれど、満たされないしラクにもならない。管理しきれないものの多さに疲弊して、やってもやっても家事が終わりませんでした。

そんな状態になっているのは、一緒に暮らしている家族の協力が足りないからだと、無意識のうちに不満も感じていました。小さな子どもを叱ってばかりの自分がいやで、自信がなくて、どうしようもない気持ちの毎日でした。

自分の暮らしを変えてみたい。本当に大切なものはなんだろう。と、家を思いっきり片付けてみたくなったのです。

片付けながら「ものは私そのもの」だと気付きました。

「素敵な家族」に見られたいという願望は、クリスマスグッズやイベントグッズの数々に表れ、多すぎる靴やバッグ、服は、おしゃれでいたい私の願いのあらわれで、キレイな空間で過ごしたいという思いで買い揃えた掃除グッズは、いつの間にかホコリをかぶっていました。

もう全部やめちゃおう。と、一人で地道に捨てはじめました。

ダイニングテーブルの上のものを、自分の両手をワイパーみたいにして全部床に落としてみたら、何も置いてないテーブルは、こんなにスッキリして、こんなにかわいくて広いんだと気付きました。

捨てたら何を置いていたのかも思い出せないくらい、私は必要でないものを積み上げ、それによって自分を疲弊させていた。

悪循環なんてどんどん捨てちゃえ！

ミニマルライフがどんなものなのかやってみようとはじめ、今もそれは継続中です。それはすごく楽しい作業です。

今でも素敵じゃないこともいっぱいで、ままならない毎日ですが、それが私自身だと思え、そういう自分のままで暮らせる状態は安心できるのです。

実家の別荘化計画

実家で一人暮らしをしている父は、叔父の家の片付けが業者さんにお願いするほど大変だったという話を聞いて以来、せっせと片付けを始めました。

私も年に数度は帰り、そのたびに父と一緒に障子貼りなどをしています。

当初は「片付けに帰る」と思うと、とても気が重い帰省でした。

実家は私が出て行った時点で、もうかつての「私の家」ではありません。

父に対する遠慮もあって好き勝手にふるまうこともできず、片付いていないことにもイライラして、ずっとストレスを溜めていました。

しかし、あるとき「実家を別荘にすればいいんだ！」と思いつきました。今はホテル代も高いので、ここを別荘にすれば旅費が浮いてコスパよし！

私が使っていた子ども部屋はなんとなく今の気分に合わないので、床の間を乗っ取ることにして片付けまくったら、ガランとした居心地のいい空間ができました。

あとは布団に無印良品の生成り色のシーツをかければ、もう旅館の完成です。

親の家を片付けに帰るのが億劫だと思っている人は多いのではないでしょうか。

その場合は発想を変えて「実家の別荘化計画」を実行しに行くんだと思ってみるのがおすすめです。

親に遠慮しながら我慢しているよりも、自分の欲望に素直に従って「居心地のいい場所を私がつくるからね」というスタンスで楽しくやっているほうが、親との関係もうまくいきます。

手っ取り早く言うと、好きな場所を選んでものを減らし、布団に無印のカバーをかければもうそこは別荘。

わざわざセカンドハウスを買わなくても、実家を別荘にすれば勝手にもう一軒手に入ります。

「40年後」の自分の暮らしと家のことを一度考えてみる

家を買うときには「終の棲家」なんて思うけれど、家の寿命って何年なのでしょう。人間の場合は、身近に80歳、90歳の方々がたくさんいますが、普通の民家で築80年や90年の家は、あまり聞きません。

子どものころ、両親が購入した田舎の新興住宅地に住んでいました。「ニュータウン」と呼ばれた大きな開発地の広大な空き地に、あっという間に新しい家が建っていき、スーパーマーケットや病院、学校ができて街ができました。

40年経った今、新しかった実家はずいぶんくたびれました。

他の家も、建て替えられたり持ち主が代わったり、しばらく空き家になって取り壊されたりしています。

「実家もそろそろ壊して建て替えるしかないのかな」と考えていたとき、この白い家をリノベーションしました。

築67年という、実家よりもだいぶ古い空き家を再生させたことで、リフォームやリノベーションの技術がどんどん進化していて、住まいの寿命も延ばせることに可能性を感じられるようになりました。

30年を超えた木造戸建ては、新築に比べて固定資産税が20~28%ほどに抑えられ、床面積を増やすなど主要構造部に手を加えない限り、固定資産税も上がりません。経済的な負担がぐんと軽くなります。

40年後の自分や家族の人生を考えるように、40年後の家のことを考えてみる。

リノベーションやリフォームをしながら使い続けていくことができれば、金銭的なメリットが大きく、自由なリノベーションは新築物件とはまた違う楽しみがあります。必要なものは何か。それ以外を捨てて再生させていく作業はすごく素敵です。リノベーションとミニマルライフの相性は最高と思えるのです。

家づくりを通して人生を見つめ直す

密接すぎる家族の関係から、一息つくために手に入れたボロボロの平屋。

限られた予算の中で、一人で快適に過ごせることにこだわってリノベーションしました。

その道中は山あり谷あり。ワクワクもしたけれど不安にも苛《さいな》まれました。

無事に乗り越えた今、自分の本音や、やりたいことを貫いてよかったなと思います。

深い満足感や納得感を得たいなら、自分の気持ちと向き合っていくしかない。

これはリノベーションに限らず、人生も同じではないでしょうか。

ボロ屋と格闘している最中、仕事では大スランプに陥り、家族の関係も大きく変化するなど、人生の変わり目を生きていました。

リノベーションでさんざん自分と向き合ってきたから、仕事や家族に問題が浮上したときも「自分は一体どうしたいんだろう？」と向き合うことができました。

結局私は、家づくりを通して人生を見つめ直していたように思います。


それにしても、考えれば考えるほど人生と家づくりは似ています。

どちらも多分、永遠に未完成です。「これですべての野望を叶えた」と思える家をつくっても、数年後には変えたくなっているでしょう。

どちらも経年変化して古びていきますが、古さも味になるし、手を入れればちゃんと蘇ります。

人生も家づくりも、果てしなくて、不思議で、面白さが深いです。

おわりに

最後まで読んでいただき、ありがとうございました。

小さな疲れきった67歳の家が、ダイナミックに生まれ変わったのはとても嬉しいことです。

古すぎて、シロアリもゴキブリもネズミさえも必要としなくなって出て行ったという、何もいない本当の「空き家」からのリスタートです。大変だったことも含めて、とてもいい経験になりました。

解体工事、大工工事、電気工事、水道工事、左官さん、いろんな職人さんにお世話になりました。やはりリノベーションの専門家ですから、暮らしの中で役立つ情報をたくさん教えていただけて、本当に勉強になりました。何より職人さんが作業している光景は、自分には絶対にできないことばかりで圧倒的に素敵でした。家は職人さんたちの作品なんだと、感動することがいっぱいありました。

ボロ屋が白い家に生まれ変わったように、私の人生も激変しました。ボロ屋が完成した2年後に離婚した元夫とは、今もいい関係です。彼は白い家に住んでいるので、子どもはちょくちょく遊びに行って新しい二人の関係を構築しています。

新しい「家族のカタチ」を私たちそれぞれが模索しています。今までとは違う深い愛情も感じています。

ライフステージの変化に向けて、今の家をリノベーションしたり、誰かが使っていた古い家を他人の私が住み継いだり。

その時々の自分の状況にあわせて、金銭的にも精神的にも体力的にも負担が軽い家に暮らすことは、健康やメンタルヘルスに直結すると感じます。


一度住みはじめると家に荷物が積み込まれ、ものにホコリがのって風も通らなくなる空間に変わることが「終の棲家」に起こりがちですが、私はその状況を変えたいと思いました。

荷物は少なく、私のライフステージにあわせて、どんどん再生し成長していく家が私の理想です。


空き家は社会問題にもなっています。一部の都市部を除き、買い手がつかず、持ち主も放置して「負動産」になる家も多くなっています。

けれど同時に、そんな「空き家」を安く手に入れて住む人も少しずつ増えてきました。

「リノベーション」で自分の暮らしを自分でデザインしていく達成感と爽快感は格別です。

古い物件と一緒に人生もリノベーションできると思っています。

リノベーションにはリノベーション以上の素敵な体験があります。

その楽しさを皆さんにお伝えできたなら幸いです。

古い空き家と私の物語を最後まで読んでくださって本当にありがとうございます！

森秋子

森　秋子（もり・あきこ）

1979年生まれ。東京都在住。子ども、猫2匹とともに50平米のマンション暮らし（ベランダに亀1匹）。子育てをきっかけに、時間と家事に追われる暮らしをやめたいと、ものを手放す生活を実践。無理せず貯金がどんどん貯まる生活にシフトする。その知恵と生活のヒントを『ミニマリストになりたい秋子のブログ』で発信、人気ブログに。2019年に国立国会図書館のインターネット資料収集保存事業（WARP）に保存されるブログのひとつとして選ばれる。著書に『「捨てる」と、お金も時間も貯まる』『ミニマリスト、41歳で4000万円貯める』など（共にKADOKAWA）。

ブックデザイン	岩永香穂（MOAI）
撮影（著者プロフィール近影）	小野さやか
写真調整	江頭忠房
校正	麦秋アートセンター
編集協力	有留もと子　和田方子
編集	間有希

ミニマリスト、1700万《まん》円《えん》で家《いえ》を買《か》ってリノベする
東《とう》京《きょう》23区《く》・築《ちく》67年《ねん》小《ちい》さなボロ家《や》がよみがえりました

2024年12月18日　初版発行

著者　森《もり》 秋子《あきこ》

発行者　山下　直久
発行　株式会社KADOKAWA
〒102-8177　東京都千代田区富士見2-13-3
電話　0570-002-301（ナビダイヤル）
印刷所　大日本印刷株式会社
製本所　大日本印刷株式会社

［お問い合わせ］
https://www.kadokawa.co.jp/（「お問い合わせ」へお進みください）
※内容によっては、お答えできない場合があります。
※サポートは日本国内のみとさせていただきます。
※Japanese text only

定価はカバーに表示してあります。

ISBN 978-4-04-897855-2 C0077